AUTO EMPLEADO

JOEL COMM

AUTOR *BESTSELLER* DEL NEW YORK TIMES

Y JOHN RAMPTON

AUTO EMPLEADO

50 señales que hacen especiales a los emprendedores del resto de las personas

TALLER DEL ÉXITO

AUTOEMPLEADO

Publicado por:
Taller del Éxito, Inc.
1669 N.W. 144 Terrace, Suite 210
Sunrise, Florida 33323
Estados Unidos
www.tallerdelexito.com
ISBN: 978-1607384618

Editorial dedicada a la difusión de libros y audiolibros de desarrollo y crecimiento
personal, liderazgo y motivación.

Editorial Taller del Éxito, S.A.S.
Cra 58 # 127 - 59, Oficina 386
Bogota, D.C., Colombia
ISBN: 978-9580100942

Corrección de estilo: Nancy Camargo
Diagramación: Carla Bórquez Carrillo
Diseño de carátula: Diego Cruz

Impreso en Colombia - Printed in Colombia

21   22   23   24   25   R|V   07   06   05   04   03

Contenido

Prólogo

Para algunos soñadores, la decisión de iniciar su negocio propio les ha resultado fácil, puesto que siempre han sabido que tienen un espíritu emprendedor, así que comenzaron desde temprano, no tardaron en triunfar y nunca miraron atrás. Sin embargo, para otros, decidirse a incursionar en el mundo de los negocios ha sido mucho más difícil, ya que cuentan con el respaldo de empleos que, hasta cierto punto, son satisfactorios y bien remunerados. Además, tienen familias que sostener. Están contentos... pero aunque lo estén, ellos saben que deberían estar trabajando en ese proyecto de desarrollar aquel gran producto que tienen en mente y del que están tan seguros de que, sin lugar a dudas, tendría mucho éxito.

Y cuando su invención tenga éxito, también saben que estarían en capacidad de hacer todo lo que siempre han soñado: vivir según sus propias condiciones, desarrollar una empresa gigantesca y establecer y alcanzar sus propias metas. Lo único que necesitan hacer es reunir el valor que se requiere para dar ese primer paso.

No es fácil. Para ser un emprendedor hay que ser alguien especial. Es por eso que la mayoría de la gente no se decide a tomar esa enorme decisión. Como Joel Comm y John Rampton lo indican en este libro, casi dos tercios de las personas que se encuentran en el rango de sus veinte años de edad dicen que quieren dirigir su propia empresa, pero en la práctica, quizá solo una de 10 lo hace realidad. Todas las demás, trabajan para ese 10%.

Por ese motivo, durante los episodios de *Shark Tank*, siempre que algún empresario entraba al escenario, yo evaluaba su producto y sus probabilidades de éxito, pero además, era inevitable sentir gran admiración por cada uno de ellos. Ya fuera que se marcharán con un trato o no, se ganaban mi respeto, pues no solo tenían una idea, sino que también estaban dando los pasos para hacerla realidad. Planeaban el producto, hacían la investigación y preparaban su presentación. Eso es tener esfuerzo y determinación, y estas dos cualidades son vitales.

Pero antes de prepararse para algo así, habían hecho algo que es mucho más importante: se miraron a sí mismos y decidieron que, en efecto, eran emprendedores. Eran desarrolladores de negocios. Tomaron la determinación de ser el jefe. Establecerían el rumbo y harían realidad su visión.

Eso es de valientes y es admirable... y suele ser un salto de fe, porque los únicos que saben lo que se necesita para ser un emprendedor son aquellos que han logrado serlo.

Ni siquiera los empleados que se contratan al comienzo de cada proyecto entienden lo que se necesita para desarrollar esa empresa. Ellos llegan después de la financiación, la presentación de propuestas y las lluvias de ideas. Viven con el crecimiento de la compañía, pero no ven la preocupación, ni las adversidades, ni el desarrollo de las redes de contactos que son parte esencial de la vida de cualquier emprendedor.

Joel Comm y John Rampton son emprendedores de éxito. Los dos han creado empresas, las han visto crecer, caer y resurgir, y las han vendido por millones. Pero además, han pasado los últimos años ayudando a otros emprendedores a hacer realidad sus sueños. Ellos son desarrolladores de negocios y también crean redes de contactos con otros desarrolladores de negocios.

A lo largo de esta lectura, Joel y John exponen sobre las 50 características que ellos consideran necesarias para desarrollar una empresa exitosa. Miran de dónde vienen los emprendedores y cómo viven. Examinan quiénes son y cómo trabajan. Explican lo que hacen y, a medida que describen cómo es la vida y la personalidad de un emprendedor, les muestran a sus lectores lo que se necesita para convertir una idea en una empresa y un sueño de emprendimiento en toda una nueva vida.

Todo esto que ellos proponen es lo más cercano que llegarás a tener para entender lo que significa ser un emprendedor.

La decisión de independizarte tiende a ser aterradora. *Debería* serlo. Crear tu propia compañía requerirá paciencia, sacrificio, determinación, garra, el apoyo de amigos y familiares y, desde luego, fondos. Y todo esto, lo necesitarás desde antes de que comiences a discutir la idea.

Comienza aquí. Aprende lo que se requiere para ser un desarrollador de empresas, un emprendedor y un trabajador independiente. Luego, prepárate para tomar la decisión más trascendental de tu vida.

Kevin Harrington
Shark (tiburón) original del programa de televisión
Shark Tank

Introducción

Los emprendedores son un grupo de personas único y a la vez diverso. Todos piensan de manera diferente, actúan de manera diferente y obtienen sus logros de manera diferente.

No se sienten conformes devengando un salario, así este sea alto. Tampoco están satisfechos con ascensos laborales constantes, ni con una responsabilidad mayor. No les es suficiente el hecho de hacerse cargo de un proyecto y llevarlo a cabo hasta obtener una conclusión exitosa.

Nunca se sentirán felices mientras tengan que trabajar para otros, seguir instrucciones, buscar aprobación, reportar resultados y conformarse con entender otras visiones y no la suya propia.

Ellos lo quieren todo.

Quieren ser quienes tengan la idea, quienes creen la organización. Desean contratar al personal clave, establecer las metas, supervisar el diseño, determinar la estrategia de mercadeo y planear el crecimiento empresarial. Y cuando todo termine, cuando el producto sea una realidad tangible y los clientes estén felices, también quieren poder tomar asiento y decir: "¡Lo logré!"

Pero ellos no son los únicos. A muchos les gustaría decir eso mismo. Según los resultados de una investigación realizada por la Escuela de Negocios de la Universidad de Phoenix en 2014, la mitad de todos los adultos trabajadores en Estados Unidos ya tiene su propio negocio o quisiera tenerlo algún día. Ese ánimo parece ser más fuerte entre los jóvenes. Sin embargo, un estudio adelantado por *Easy Life,* también en 2014, indicó que una gran cantidad de nuevos emprendedores durante los últimos 10 años es mayor de 50 años y que uno de cada tres está en el rango de los 55 a los 64 años de edad. Otras encuestas han dicho que el número de emprendedores en potencia entre los 20 y 30 años es tan alto como el 63%.

Pero esto no siempre es así. De hecho, en cualquier momento, solo uno de cada 10 estadounidenses tiene su propio negocio y se ocupa en él de tiempo completo. El resto de la población trabajadora sigue devengando un salario y trabajando para un emprendedor.

Las razones que hay en cuanto al vacío existente entre el deseo de seguir su propio camino y procurar hacer realidad ese deseo son claras para cualquiera que haya seguido el proceso de constituir, invertir, contratar y comercializar en aras de construir su negocio propio.

¡Es difícil convertir en realidad la idea de ser empresario!

Se requiere de valor, compromiso y determinación. Implica conocimiento, talento y conexiones. Se necesita tomar decisiones audaces y tener la capacidad de rebotar cuando esas decisiones resulten inadecuadas. Obtener los resultados deseados podría tomar mucho, pero mucho tiempo.

Todos tenemos muy buenas ideas. Todos hemos visto los que parecen ser vacíos en el mercado; todos hemos pensado en productos que le agradarían al público y hemos querido que alguien nos preste cierta clase de servicio en particular y hasta hemos pensado: "Bueno, ¿y yo por qué no me dedico a hacer esto?"

Pero esa es la parte fácil. En cualquier viaje de emprendimiento, esa idea inicial tiende a parecer el punto más importante del negocio, pero lo cierto es que ese momento en que se tiene una idea emocionante es el que menos tiempo y esfuerzo exige. Desde antes de comenzar el día, mucho emprendedores suelen tener una docena de ideas de miles de millones de dólares.

Sin embargo, no basta con que un emprendedor sea un pensador original. También debe ser un realizador imparable, estar en capacidad de encontrar personal, emplearlo y motivarlo; necesita lograr recaudar los fondos necesarios para llevar a cabo su proyecto; debe estar dispuesto a arriesgar el dinero que encuentre y dedicar todas sus horas, mañanas, tardes, noches, fines de semana, así como los días festivos necesarios para hacer que la visión que él tiene en su cabeza se convierta en un producto concreto al alcance de los consumidores y que ellos puedan verlo, usarlo y disfrutarlo.

La idea inicial es apenas la inspiración que constituye el 1% del éxito de toda empresa; el 99% restante es sudor y organización. No hay duda de que, en todo emprendimiento de éxito, hay mucho de estos dos aspectos.

No existe mayor desafío que el de crear y dirigir tu propia empresa. Ni tampoco existe mayor satisfacción para un empresario.

Pero esto no es para todos. Es para quienes nacieron para hacerlo y lo único que anhelan es dirigir su propia empresa, no solo hablar de ella o decir que quieren tenerla, sino que en realidad sienten ese impulso incontrolable de hacer que suceda y que, en su momento, aceptan ir tras ese deseo y explotarlo.

De eso se trata este libro: de lo que se necesita para ser un emprendedor; de la pasión que obliga a los emprendedores a idear uno y otro plan de negocios; de la determinación que los lleva a preparar el lanzamiento de otro producto; de los patrones de comportamiento que ellos siguen y de los sacrificios que hacen para alcanzar sus metas.

Lo escribimos porque los dos conocemos a muchos empresarios y a muchos soñadores que quisieran serlo. Los vemos en las conferencias de negocios que presentamos; conversamos con ellos sobre sus planes y escuchamos preguntas de campo de amigos y familiares que están considerando iniciar sus propias empresas. Todos ellos, no solo buscan consejos prácticos, ni solo se preguntan qué deben hacer para crear su propia firma, sino que también se hacen una segunda pregunta que no expresan: "¿Es esto para mí? ¿Soy de verdad un emprendedor? ¿O terminaré abrumado, luchando e inclinándome a volver al entorno laboral?"

Todos lo hemos visto suceder. Todos conocemos soñadores que anhelan dirigir su propia empresa, pero que, no solo nunca lo hacen, sino que tampoco estarían felices si lo hicieran. Lo que sí los haría felices sería tener un empleo diferente al que ya tienen, tal vez en una compañía más pequeña o hacer un cambio de ocupación. Pero la presión de ser sus propios jefes no es para ellos.

Y también hemos visto gente que tal vez no fue buena estudiando o que tuvo dificultades en su lugar de trabajo y comenzó a intentar hacer empresa en el garaje de su casa, solo durante su tiempo libre e insistiendo en que esta sería una actividad temporal y, sin embargo, les fue tan bien que terminaron renunciando a su empleo regular. Y sin que nadie lo pensara, muchos terminaron dirigiendo una compañía creciente que ahora están a punto de vender por una inmensa cantidad de dinero.

Muchos conocemos a esas personas… porque nosotros somos esas personas.

Nosotros dos somos emprendedores. Ambos hemos creado empresas y las hemos desarrollado al punto de que han llegado a ser tan exitosas que terminamos vendiéndolas por millones de dólares. Sabemos lo que es contratar, desarrollar, producir, lanzar, comercializar y crecer. Los dos hemos tenido grandes ideas, las hemos visto florecer y también hemos visto a algunas desmoronarse cuando, después de todo, resultaron no ser tan buenas. Además, hemos cometido muchos errores y aprendimos de ellos; nos hemos preguntado si deberíamos tirar la toalla, pero decidimos volver a intentarlo hasta crear algo mucho más grande y mejor. Los dos tenemos una lista de productos fantásticos que se han vendido muy bien, así como compañías exitosas que fundamos. Y aparte de todo esto, nos hemos dedicado a ayudarles a otros emprendedores a llegar a la meta. Ahora mismo, estamos de vuelta en la cima con nuestros nuevos emprendimientos, trabajando activamente para hacerlos muy rentables y expandirlos con la mayor rapidez posible.

En este libro, enunciamos las 50 características que mejor describen a los empresarios que hemos conocido y que definen nuestras propias experiencias y personalidades. En su interior, encontrarás 6 partes.

La **Parte 1** se ocupa del **Trasfondo.** Explora la procedencia de los emprendedores, así como los rasgos que diferencian a un empleado de un propietario o a un gerente de un fundador, los cuales suelen revelarse muy temprano en la vida. A veces, provienen de la familia; otras veces, se descubren o se construyen durante la etapa universitaria; se evidencian durante los primeros empleos o en los primeros intentos de hacer negocios. Cualquiera que sea el caso, esas señales suelen estar en el trasfondo de cada empresario y él las conoce.

Ningún emprendedor tiene éxito solo. Las **personas** que los rodean y la forma como ellos se relacionan con esas personas, ya sean amigos o familiares, suele ser una buena señal del exitoso emprendimiento que están próximos a disfrutar.

La **Parte 2** se encarga de explorar cómo son esas relaciones personales y lo que estas significan para los emprendedores.

La **Parte 3** se trata de ti: de tu **personalidad,** de tu carácter, de tu ambición y tu impulso. Para ser un emprendedor hay que ser un tipo de persona especial. En esta sección, miramos con detenimiento cuál es ese tipo de persona que se requiere ser para alcanzar el perfil de emprendedor y exploramos cómo tu manera de pensar y actuar revelan tu forma de trabajar.

La **Parte 4** se trata del **proceso**. Dirigir una empresa es la prueba máxima de administración, así que es crucial saber cómo dirigirla. Esta parte describe qué hacen los emprendedores exitosos y cómo lo hacen. Ellos ven el panorama completo y no solo asumen responsabilidad frente a él, sino que entienden el por qué tienen que asumirla. El emprendedor organiza flujos de trabajo que le aseguren que, con el tiempo, él podrá enorgullecerse tanto de su labor como del éxito que obtendrá como resultado de su esfuerzo.

La **Parte 5** es acerca de las **metas.** Para los emprendedores, estas son muy diferentes a las de los empleados, incluso los que son altos ejecutivos. Todo el mundo quiere tener éxito, llegar a la cima, alcanzar todo lo que desea y ganar el respeto de sus amigos y familiares. Pero los emprendedores quieren cambiar al mundo y lograrlo de diferentes maneras. Sobre esto exploraremos en esta sección.

Y en la **Parte 6** se hace evidente que, aunque el **estilo de vida** de un emprendedor exitoso incluye autos lujosos, playas aisladas y aviones privados, llegar allá implica que a veces tendrás que disputarte con otros clientes las tomacorrientes de tu cafetería local favorita, distribuir montones de camisetas con el logo de tu empresa y vivir en un sitio que te sirva tanto de oficina como de lugar de descanso. Tu manera de vivir ahora, incluso mientras luchas por alcanzar tu propio éxito, dice mucho con respecto a si tienes o no la capacidad de ajustarte a la vida de emprendedor.

Los 50 puntos incluidos a lo largo de estas secciones no constituyen una lista de verificación, pues ningún emprendedor tendría la totalidad de ellos. Algunos hasta pudieron haber hecho todo lo opuesto: ni Mark Zuckerberg, ni Bill Gates terminaron sus estudios en Harvard y prefirieron entrar directo en el campo de los negocios; en cambio Warren Buffet tiene una maestría en ciencias y economía, y Jeff Bezos tiene dos títulos universitarios en ingeniería eléctrica y ciencias de las computadoras. Pero el hecho de que tú no coincidas con uno de estos puntos no descarta tus ambiciones como emprendedor. Siempre hay excepciones y tú puedes ser una.

Lo que sí es cierto es que en todo emprendedor se manifiestan *algunos* de estos puntos y que cada uno de ellos tiene algo que enseñar acerca de lo que se necesita para desarrollar, dirigir y hacer crecer una empresa. A medida que avances por estas 6 secciones quizás asientas con tu cabeza o la menees en señal de negación, pero lo más importante es que siempre estés llenándola con las partes de este libro que más te ayuden y te sirvan.

Esperamos que al terminar tengas un mejor entendimiento de los empresarios que desarrollan nuestra economía y que quizá te unas al grupo en tu rumbo a hacer del mundo un mejor lugar, todo mientras trabajas como empleado independiente.

PARTE 1

El trasfondo

Los padres de Temper Thompson son propietarios de un café. Son felices dirigiendo su pequeño negocio propio, trabajando para sí mismos y sirviéndoles a sus clientes regulares. Siempre ayudaron, amaron y apoyaron a su hijo, pero conforme fue creciendo, Temper quiso hacer más que solo tener un café y también decidió lanzarse a conformar y dirigir su propia empresa lazándose a vender cursos por internet en Kindle Publishing. El caso es que, el año 2016, cuando Temper Thompson cumplió 18 años, esa empresa estaba generando alrededor de $30.000 dólares al mes.

Los empresarios provienen de una multitud de trasfondos. Algunos se vieron inspirados a iniciar su propio negocio después de ver cómo sus padres disfrutaban de su independencia laboral. Aprendieron de ellos y les sirvieron de mentores. Crecieron conociendo el valor del emprendimiento.

Otros emprendedores desarrollan por sí mismos la necesidad de independencia; a veces, después de ver a sus padres buscando empleo y luchando bajo el mando de jefes poco justos. Pero, ya sea que nazcan o se hagan, ese impulso suele asomarles desde temprana edad: a través de las ventas que hacen en el patio de su colegio, de los estantes de limonada que instalan sobre la acera de su casa o mediante las pequeñas empresas que inician en los garajes de sus padres.

A menudo, ese impulso no suele funcionarles adecuadamente dentro del entorno laboral tradicional, así que casi siempre luchan mientras conocen el mundo de los negocios o desarrollan su propia experiencia profesional. Muchos emprendedores como Steve Jobs, Mark Zuckerberg y Bill Gates, los desertores escolares más famosos del mundo de los negocios, no lograron terminar la universidad. Otros lo logran, pero no saben mantener sus empleos; y otros luchan para mostrar sus habilidades en sus hojas de vida y durante las entrevistas laborales. Pero para ellos, el emprendimiento suele ser la alternativa inevitable para el desempleo.

Existen muchos caminos diferentes en la vida de un emprendedor. En esta sección exploramos algunas de las rutas más comunes para llevarlos al mundo de su negocio propio.

1
Creciste junto a emprendedores

Cuando la hija de Ralph Lauren tenía 6 años, él le dijo que quería usar su nombre para un perfume. Ese es el tipo de cosas que los padres dueños de marcas mundiales hacen por sus hijitas y la mayoría de ellas se emocionaría al ver en las tiendas de cosméticos por todo el mundo una elegante botella de perfume con su nombre en ella. Sin embargo, Dylan tenía otras ideas.

"No gracias", le dijo a su padre billonario. "Estoy guardando mi nombre para algo que quiero hacer yo misma".

Dylan Lauren es ahora la propietaria de Dylan's Candy Bar, una cadena de lujosas tiendas de dulces con puntos de ventas en sitios muy exclusivos por todo el país, incluyendo New York, East Hampton y Miami Beach. Su principal tienda en la ciudad de New York es una gran atracción turística y recibe a más de 2.5 millones de visitantes al año.

Dylan Lauren no es la única hija de un empresario que ha construido su propia y exitosa empresa. Tom Yeardye era un acróbata y actor que hizo equipo con Vidal Sassoon para crear una cadena de salones de belleza. Años después, su hija, Tamara Mellon, se recuperó tras haber sido despedida de Vogue asociándose con un diseñador de zapatos llamado Jimmy Choo y juntos crearon una marca de moda ahora valorada en más de $1.000 millones de dólares.

Cuando Jack Abraham le vendió Milo.com, un sitio de comparación de compras, a eBay, por $75 millones de dólares en el año 2010, estaba siguiendo los pasos de su padre. Magid Abraham es el fundador y Director Ejecutivo de comScore, una compañía analítica de $2.000 millones de dólares.

Son muchos los líderes de empresas exitosas cuya descendencia proviene de padres que también lograron crear negocios de gran fama y éxito. Un estudio realizado en el año 2015, llamado "¿Por qué los padres emprendedores tienen hijos emprendedores?", encontró que tener padres emprendedores aumenta hasta en un 60% la probabilidad de que los hijos también lo sean.

Quizá parte de ese éxito sea solo talento. Los tipos de habilidades necesarias para alcanzar éxito empresarial como, por ejemplo, tener una mente afinada, la disposición a correr riesgos, una cabeza fría, impulso y habilidades gerenciales pueden ser heredados, así como la estatura o el color de los ojos; el hecho es que es evidente que heredamos de nuestros padres aspectos de la personalidad de la misma manera en que heredamos el color del cabello de nuestra madre o los patrones de calvicie de nuestro padre.

Pero los investigadores Matthew J. Lindquist, Joeri Sol y Mirjam Van Praag, que estudiaron acerca de la relación entre padres empresarios y sus hijos emprendedores, encontraron pocas diferencias en las tasas de éxito de hijos biológicos y adoptados en familias cuyos padres dirigían su propio negocio. Quizá tengas una mejor oportunidad de heredar la personalidad de un empresario si tus padres biológicos son empresarios, pero el éxito en los negocios no es algo genético.

Algo más sucede a medida que los niños crecen.

Es probable que ese algo incluya llamadas telefónicas y firmas de cheques. Sin duda, parte del éxito de la descendencia de un empresario es atribuible a la capacidad que un padre rico tenga para allanar el camino para sus hijos. La financiación inicial de Tamara Mellon provino de su padre. La lista de los empresarios que influenciaron la vida de Dylan Lauren incluye a famosos en la industria de la moda tales como David Beckham, Janet Jackson, Oprah Winfrey y Michelle Obama, a quienes su padre tiene fácil acceso, así como la posibilidad de hacerles una llamada, pero el resto de nosotros lo único que podemos hacer es leer acerca de estos personajes en las revistas faranduleras.

En efecto, cuando tienes un padre rico al que se le facilita pagar tus cuentas, este hecho te ahorra el trabajo de presentar tu propuesta ante inversionistas de riesgo y te permite conectarte con gente dispuesta a compartirte su experiencia e influencia; y así, la vida como emprendedor siempre será mucho más fácil.

Pero no solo se trata de dinero e influencia. Lo que sí hace la diferencia, dicen los investigadores, es el modelo.

Los hijos que crecen en un hogar donde al menos uno de los padres dirige su propio negocio, observan en primera fila lo que implica dirigir una empresa. Ellos están familiarizados con conversaciones que tienen que ver con diseño y mercadeo; conocen de primera mano cuales son las razones que respaldan las decisiones que sus padres deben tomar a diario como fundadores. Es decir que, para los hijos de empresarios, su vida significa contar con unos mentores de negocios siempre disponibles, a tan solo una llamada de distancia y cuyo mayor deseo es verlos triunfar tanto como ellos mismos o más.

Así que estos chicos pueden olvidarse de leer las biografías de grandes líderes de negocios porque ante sus ojos, a diario y en tiempo real, está en evolución la vida de un gran empresario.

Esa es una gran ventaja, una posibilidad que solo está disponible para quienes son hijos de empresarios.

Si uno de tus padres es empresario, es muy probable que tú también llegues a serlo, pero no solo un empresario, sino uno tan exitoso como él o ella. Aprenderás de sus experiencias, buscarás sus consejos y te guiarás por las estrategias que haya implementado y le generaron grandes resultados.

Sin embargo, si ninguno de tus padres es empresario, aun así puedes captar parte de los beneficios de emprendimiento mediante otro tipo de actividades en las que ellos participan. Un ejemplo de esto es el hecho de ver a un padre levantarse a diario para ir a trabajar, sin que otra cosa importe, y que a veces trabaje hasta tarde o que haga viajes y dé charlas durante los compromisos que hacen parte de su trabajo. Los empresarios también tienden a necesitar ese tipo de dedicación mental para trabajar.

Mi madre (John) trabajó con la junta de una entidad de beneficencia para un hospital infantil. Ese compromiso exigió que ella trabajara casi todos los días del año durante 25 años. Ella nos hacía (a nosotros, sus hijos) ir por toda la ciudad a recoger las provisiones necesarias para luego ir a entregárselas a los menesterosos. Trabajábamos tras bambalinas en el principal evento de recaudación de fondos que se realizaba cada año. Mi madre también trabajó en otra obra de beneficencia a la que debía dedicarle todo un día de trabajo a la semana y hablaba en eventos una vez al mes, motivo por el cual solía necesitar ayudas visuales; y en aquellos días, no existía PowerPoint. Adivina quién le ayudaba con esas ayudas visuales...

De manera que el hecho de que ninguno de tus padres haya sido lo que se denominaría como un empresario tradicional, según como se define hoy en día, no quiere decir que no tengas ejemplos a seguir. Nosotros dos tuvimos padres trabajadores que a muy temprana edad nos animaron a empezar a trabajar para ganar nuestro propio dinero. Esto significó hacer rutas de periódicos, podar céspedes y montar estantes de limonada y luego, tan pronto como tuvimos la edad adecuada, desempeñamos trabajos externos de tiempo parcial (mientras continuábamos haciendo las rutas de los periódicos).

Y además de la fuerte ética de trabajo que vimos en nuestros padres, ellos también nos inculcaron otros valores, incluyendo cómo ahorrar dinero e invertirlo de forma sabia. A los dos nos enseñaron a estar siempre atentos a las oportunidades que se presentaran para ganar dinero; vimos la diferencia que marca en la vida la posibilidad de tener un buen ingreso, pero también lo que sucede en términos de beneficios y riesgos.

Incluso si no tienes familiares emprendedores, aun así tú puedes llegar a serlo al apoyarte en otros. Encuentra un mentor. Acércate a un empresario que admires y pregúntale si te permitiría hacerle muchas consultas y buscar su consejo. Y si puedes usar tus contactos para encontrar a alguien cercano, quizás un amigo de tus padres o los padres de un amigo, sería todavía mejor.

Recuerda que, aunque las probabilidades de ser empresario son mayores si tus padres lo son, no todo hijo de un emprendedor quiere tener su propia empresa; algunos tendrán el deseo de ser médicos, abogados, diseñadores o escritores. Y los padres que no son empresarios también tienen habilidades y conocimientos que quieren pasarles a otros.

Si tus padres son empresarios, es muy probable que tú también seas uno. Si no lo son, encuentra un mentor empresario que quiera un pupilo y apóyate en él o ella como si fuera una caja de resonancia para sumarles conocimiento en los negocios al amor y apoyo que ya recibes por parte de tus padres.

2

Eres desertor escolar

El anuncio hecho en Techcrunch Disrupt en el año 2010 fue toda una conmoción. Este evento tiene como intención anular lo convencional y transformar industrias. Está diseñado para lanzar a jóvenes emprendedores en el campo de la tecnología, proveyéndoles fondos y encaminándolos hacia el "Club de las tres comas". Pero cuando el inversionista Peter Thiel se puso de pie y anunció que le daría $100.000 dólares a cada uno de los 20 empresarios menores de 20 años con la condición de que dejaran sus estudios, se olvidaran de la universidad y usaran el dinero para desarrollar una empresa, este se convirtió en un fuerte golpe para el campo educativo.

"No pierdan su tiempo en la universidad", les decía a los jóvenes empresarios. "No tiene nada que enseñarles. Dejen de desperdiciarlo y construyan su propia empresa".

Ese es un mensaje que muchos de los empresarios más exitosos del mundo han manifestado, no con un discurso, sino con su ejemplo de vida. Tanto Bill Gates como Mark Zuckerberg renunciaron a su cupo en Harvard, la universidad más prestigiosa del mundo, para arriesgarse a construir compañías que podían fallar. Los dos se hicieron billonarios.

Steve Jobs no se graduó de Reed College, una pequeña escuela de artes liberales donde terminó auditando clases de tipografía mientras jugaba con computadoras y soñaba con lanzar Apple. Más recientemente, Blake Mycoskie, el fundador de zapatos Toms, dejó la Universidad Metodista del Sur, después que no pudo seguir jugando tenis debido a una lesión. Fue esa la razón por la que decidió iniciar brindando un servicio de lavandería en el campus con el cual terminó por acumular más de $1 millón de dólares en ventas antes de venderlo para comenzar su nueva empresa.

Algunos de los más grandes desarrolladores de negocios del mundo ni siquiera terminaron la secundaria. David Karp, quien le vendió Tumblr a Yahoo por más de $2.000 millones de dólares, dejó la escuela a los 15 años. Richard Branson duró solo un año más y Kirk Kerkorian renunció a todo en octavo grado antes de ir a comprar un pedazo de tierra en Las Vegas y hacer grandes apuestas en propiedades que incluyen Bellagio, Luxor y MGM Grand.

Si has ido a la universidad y te has desilusionado haciendo a un lado los libros para iniciar tu propia empresa, no estás solo. No son pocos los fundadores de grandes empresas y otros talentosos en los negocios que han hecho lo mismo y han llegado a hacer grandes cosas. Sin embargo, ten presente que en los últimos años, la tendencia de educación no universitaria ha tenido menos éxito. En nuestra propia experiencia, hemos encontrado que para muchas personas talentosas y exitosas el hecho de no tener un título universitario no ha sido el fin del mundo.

Con todo y eso, esa no es mi recomendación. Es sorprendente ver la cantidad de veces en que ese pequeño trozo de papel que dice que te graduaste de la universidad te abre puertas cuando ninguna otra cosa funciona para abrírtelas. Si no tienes la oportunidad para obtener educación universitaria, o no la quieres, aun así tienes la opción de salir a demostrar que tienes la capacidad de construir una empresa sin tener que pasar horas en un aula de clase. Pero aun con tu educación, o si eliges otro camino, hemos observado que la acción más importante de un emprendedor es estar allá afuera, en el pavimento, usando la inteligencia callejera y experimentando lo que el mundo real tiene para ofrecer.

Sin embargo, no es tan simple decir que algunos empresarios no pueden o no quieren completar sus estudios a nivel de universidad, ni que si quieren crear una empresa exitosa deben renunciar a su educación. En el año 2014, el equipo de LinkedIn tomó los datos de la fundación de Crunchbase y analizó la demografía y las relaciones de más de 1.200 empresarios en tecnología, cuyas compañías habían logrado recaudar dinero el año anterior. Los hallazgos sugirieron que, si en el año 2013 estabas buscando recaudar fondos para una empresa de tecnología, valía la pena que, no solo hubieras terminado la universidad, sino que lo hubieras hecho en una prestigiosa; y que luego, después de haber finalizado tus estudios, hubieras tenido un primer empleo en una empresa grande, con el fin de adquirir y desarrollar experiencia; también era aconsejable que hubieras esperado a ser mayor de 30 años antes de presentarles tus propuestas a inversionistas de tu interés.

La mayoría de los emprendedores apoyados por capitalistas de riesgo presentaba educación universitaria en sus perfiles de LinkedIn y casi el 30% de ellos se había graduado en universidades de alto nivel, tales como Stanford, MIT o Harvard. Un porcentaje similar de emprendedores había trabajado para compañías con capitalización de mercado de más de $50 mil millones y el 40% había trabajado a nivel directivo o superior. Una quinta parte había fundado una empresa antes y la cantidad de fondos de la primera ronda de recaudación aumentaba a medida que la edad del empresario superaba los 30 años.

De modo que, si eres estudioso y comprometido con lo que estudias, o si cuando llegaste a los 20 años te faltó confianza para independizarte, quizá sigues siendo no solo un emprendedor, sino uno de mucho éxito y con mejores posibilidades de persuadir a un inversionista de riesgo para que te abra su cartera. Los mejores empresarios que *sí* terminaron sus estudios incluyen a Jeff Bezos, quien completó dos titulaciones en Princeton; Nick Woodman, quien estudió diseño visual y escritura creativa en la Universidad de California en San Diego, antes de crear GoPro; y Jennyfer Hyman, cofundadora de Rent The Runway, quien terminó su grado universitario y MBA en Harvard, donde también conoció a su socio de negocios.

La disposición que algunos de los mejores empresarios tienen para renunciar a una buena educación no dice nada acerca del valor de esta. Pero nos dice todo acerca de cómo ellos conciben el riesgo.

En una entrevista con la BBC, Bill Gates dijo que fue fácil tomar la decisión de dejar Harvard y explicárselo a sus padres. Él y Paul Allen sentían que mientras estudiaban se estaba abriendo una oportunidad en la nueva industria de las computadoras y que se iban a quedar atrás. "Y no es que no me hubieran vuelto a recibir en Harvard", añadió.

Si Microsoft no hubiese concretado algunos contratos iniciales, si IBM no hubiese comenzado a usar Windows en sus máquinas, o si Apple hubiese dedicado la misma cantidad de tiempo al software como lo hizo al hardware, Bill Gates habría vuelto a Harvard para continuar con sus estudios, con un poco más de experiencia y más capaz y listo para enfrentar al mundo después de graduarse.

Los empresarios toman decisiones difíciles todos los días. Tienen que decidir cómo invertir sus recursos, qué características deben eliminar para lanzar el producto a tiempo y qué beneficios enfatizar en la comercialización. Deben elegir personal que lidere los proyectos, definir mensajes corporativos y hacer tratos con socios, proveedores y distribuidores, los cuales pueden hacer que la compañía triunfe o fracase. Elegir hacer a un lado partes de una educación es solo una de las muchas decisiones que un empresario debe tomar. Lo que hace que una persona sea emprendedora no es la dificultad de las decisiones que toma, sino su disposición a hacerlo.

Y aunque todos tenemos presentes ese puñado de empresarios famosos sin educación formal, ¿qué están haciendo los otros empresarios? Bueno, la mayoría de ellos ha finalizado sus estudios y la universidad. Nosotros dos lo hicimos. Yo (Joel), aunque soy un orador experimentado, nunca he usado mi título en Comunicaciones Discursivas de la Universidad de Illinois para asegurar un trabajo. Entonces, ¿nuestros títulos nos han ayudado a ser emprendedores? No podríamos asegurarlo. De hecho, los estudios en *sí* no nos ayudaron, pero esto es lo que sí nos ayudó: la experiencia de vida interactuando con personas al hacer nuestra transición al mundo real.

Aprendimos cómo se ve la productividad.

Descubrimos quiénes eran los que movían los hilos del futuro. ¿Observamos a nuestros profesores y les preguntamos si dejaban cantidades excesivas y absurdas de tareas? ¿Fue una pérdida de tiempo? Bueno, en la universidad, un emprendedor no tarda en darse cuenta de que quiere ser el jefe. ¿Es eso una pérdida de tiempo? En la universidad, un emprendedor aprende muy rápido a trabajar y a "complacer" a los profesores para obtener la calificación. ¿Es eso de beneficio para el negocio? Quizá te preguntes a quién vas a complacer como empresario. No solo a ti mismo. Vas a tener clientes (quizás incluso sea uno de tus antiguos profesores) que esperarán algo diferente de tu producto o servicio y aprenderás a iterar y girar para salvar tu negocio.

Conocemos a una empresaria increíble. Nadie lo tiene todo como ella. Su empresa vale mucho. Quizá no sea Elon Musk, pero a nivel personal, profesional y financiero ha tenido casi los mismos logros. Tiene dos Ph.D. Para ella, la educación es *tan* importante que para cada uno de sus nietos ha separado $1 millón de dólares y lo recibirán cuando completen sus estudios de posgrado.

En conclusión, el hecho de dejar tus estudios no significa que vas a triunfar, ni a fracasar como empresario. Pero, sin duda, podría ser una señal de que estas hecho para algo diferente.

3

Te despidieron

Hay pocos momentos peores a aquellos en que la cabeza de tu jefe se asoma a la puerta de su oficina o sobre la pared de tu cubículo y te dice que vayas a su oficina. Ya sabes qué va a pasar. Se nota en su mirada y en la manera en que se acomoda en la silla tratando de evitar mirarte a los ojos. Sabes que te están despidiendo.

Te va a dar una razón: la empresa está en problemas y tiene que hacer recortes; no has cumplido con tus metas; tu cargo está siendo eliminado; no creen que seas el indicado para hacer este trabajo.

Siempre duele. No importa si lo que hacías te gustaba poco, ni cuánto te hayas quejado por tener que hacerlo, ni las veces que soñaste con entrar a esa misma oficina de tu jefe para decirle qué hacer con su trabajo; lo cierto es que, cuando el rechazo es contra ti, duele.

El único momento peor es cuando vuelves a casa y debes decirle a tu familia que ya no tienes empleo. Eso duele mucho más. Todos hemos estado ahí y lo hemos sufrido.

Pero el ser despedido hace parte de la vida y es una experiencia por la que muchos de los triunfadores más reconocidos del mundo también han pasado en algún momento. Oprah Winfrey tenía lo que para ella era su trabajo soñado leyendo las noticias de la noche en Baltimore WJZ-TV. Así fue hasta cuando la removieron de su cargo por involucrarse demasiado emocionalmente en las historias que leía. La pasaron a televisión diurna, un cambio que para ella fue un retroceso hasta que sus niveles de audiencia rompieron el techo.

Anna Wintour fue despedida de su cargo como editora junior de moda en *Harper's Bazaar* porque sus artículos eran considerados muy incisivos. Llegó a ser la editora más icónica de *Vogue*. Incluso a Walt Disney le mostraron la puerta de salida en el Kansas City Star porque "carecía de imaginación y no tenía buenas ideas".

Sin embargo, todos estos líderes usaron ese paso de retroceso para tomar impulso y dar el siguiente gran salto hacia el éxito para el cual estaban destinados.

Otros líderes han sido despedidos después de alcanzar grandes éxitos. Siempre que los empresarios aceptan dinero de los inversionistas, nombran jefes para sí mismos. Serán personas que supervisarán lo que ellos hagan y en algún momento los llamarán a cuentas. Ya no tendrán completa libertad. El mundo corporativo está lleno de empresarios que organizaron compañías, las construyeron, las vendieron en el mercado público de acciones y luego, tras un golpe de sala de juntas, terminaron expulsados.

Steve Jobs dijo que el haber sido despedido de Apple fue lo mejor que pudo pasarle. "Me liberó para entrar a uno de los periodos más creativos de mi vida", afirmó. Creó NeXT y Pixar antes de volver a Apple, un poco mayor, con más experiencia y mejor preparado para llevar a la compañía de computadoras en una dirección completamente nueva.

Sandy Lerner, uno de los fundadores de Cisco, recibió esa llamada a la oficina poco después de que Don Valentine comprara el 30% de la compañía por $2.6 millones de dólares. Los inversionistas despidieron a Mike Lazaridis y a Jim Balsillie, de Research in Motion, los creadores de los teléfonos Blackberry y de la compañía que habían fundado. Desde entonces, se han convertido en líderes en sistemas cuánticos y física cuántica.

Nadie es inmune a ser despedido. Desde el presidente hasta el repartidor de pizzas, cualquiera puede terminar sin empleo en cualquier momento. Incluso, si no tienes un jefe y has logrado evitar la supervisión de los inversionistas, cuando olvides que clientes inconformes han desechado a más empresarios que cualquier jefe en la historia, tu posición comenzará a tambalear.

Y los clientes no hacen cheques de liquidación.

Ser despedido nunca termina. Para alguien que quiera construir una carrera, esa es una oportunidad para encontrar la función a la que mejor se adapte. Para un emprendedor, es un recordatorio de que no está haciendo lo que debería estar haciendo. Es el momento para considerar lo que debiste haber hecho de otra forma y lo que vas a cambiar la próxima vez.

Todos estamos en este planeta por una razón. Todos tenemos nuestras propias funciones y nuestras propias metas que alcanzar. Quizá todos deseemos hacer la anotación de la victoria en el Súpertazón, pero ese no es un logro que todos podremos disfrutar. A lo mejor pienses que todos quieren ser el gerente regional de ventas de tu empleador actual, pero si no está sucediendo, debes preguntarte si ese es de verdad el cargo para ti. Siempre que tratemos de ponernos en una posición para la que no somos los más aptos, sentiremos rechazo y decepción.

Si eres empresario, no deja de ser probable que te despidan. Incluso puede ser inevitable. Los empresarios suelen ser grandes personas, pero a veces son malos empleados. Así no es siempre, claro está, pero a veces sucede. Así que, cuando tu jefe te llame, esa conversación difícil es en realidad conveniente para ti porque, si lo analizas, quedarte sería una alternativa mucho peor.

Un emprendedor que nunca ha sido despedido, que siempre ha logrado hacer un trabajo que no se ajusta a sus aspiraciones a la perfección, solo para mantenerse aferrado a él, tiene un gran desafío por delante. Debe reunir el valor para renunciar a algo fácil y seguro a cambio de la vida difícil y arriesgada de un desarrollador de negocios. Esa es la decisión profesional más difícil que cualquier persona deba enfrentar en la vida.

El ser despedido siempre comunica con bastante claridad que ibas en la dirección errada. Puede ser doloroso en el corto plazo, incluso devastador, si tienes cuentas por pagar, una familia que alimentar y careces de un colchón financiero. Pero esos meses difíciles pasarán y, en el largo plazo, un día verás por la ventana del último piso de tu propio edificio de oficinas y concluirás, como lo hizo Steve Jobs, que haber sido despedido fue lo mejor que te pudo haber pasado, pues ese hecho fue el que te sacó del camino errado, te hizo dar media vuelta y te condujo por el sendero que siempre debiste haber seguido.

Aprende más acerca de algunas de las ocasiones en las que casi me despiden y lo que hice para resolver la situación ingresando a www.selfemployed.com/book para que tengas algunos consejos prácticos adicionales en cuanto a este tema.

4

Nadie te quiere contratar...
y ese hecho te favorece

Cuando Lisa M. Blacker dejó la Escuela de Medicina no logró encontrar ni un empleo en su campo. Escribiendo para *Entrepreneur.com* explicó que hizo lo que "cualquier emprendedor haría" y comenzó su propia empresa. Pasó a ser la asesora de sus excompañeros de estudio y les enseñó a hacer mercadeo por redes sociales.

Ese cambio de buscar empleo a ser emprendedor no es inusual. Más de ocho millones de empleos se perdieron durante la Gran Recesión, pero a medida que los trabajadores recibían sus boletas rosadas y los buscadores de empleo luchaban por encontrarles alguna posición, las tasas de emprendimiento se dispararon. Según un estudio realizado en el año 2013, basado en datos provistos por el Buró del Censo de los Estados Unidos y el Buró de Estadísticas Laborales de los Estados Unidos, la cantidad de nuevas empresas abiertas en el año 2006 (el año previo a la recesión) disminuyó. Esa cifra aumentó en el año 2007, tuvo un crecimiento muy marcado en el 2008 y llegó a su pico en el año 2009, hasta alcanzar a llegar al 17% más que en 2006. El patrón de crecimiento en la creación de empresas coincidió con el aumento que hubo entre los años 2001 y 2004 después de la caída de las empresas puntocom. En todas las 250 áreas metropolitanas, el estudio evaluó las más altas tasas locales de desempleo, correlacionadas con las más altas tasas de emprendimiento.

A quienes andan en busca de empleo se les dificulta encontrarlo por muchas razones y esa realidad siempre es desalentadora. Toda hoja de vida rechazada genera un sentimiento de derrota personal. Toda entrevista que termina solo en un apretón de manos y un "gracias por venir" suena como si te estuvieran diciendo: "La verdad es que no creemos que seas tan bueno como *crees* serlo". Todos sabemos que el rechazo hace parte de la vida. A todos nos han cerrado la puerta en la cara en algún momento e incluso los más exitosos del mundo tendrán que postularse para un empleo, hacer una presentación para obtener recursos o demostrar un producto, para luego escuchar que la compañía considera que ha encontrado a otro candidato o a otra empresa mejor. Saber que el rechazo es inevitable no hace que sea menos doloroso. Siempre hiere y nos hiere a todos de la misma manera.

Lo que sucede después es lo que hace la diferencia entre un emprendedor y todos los demás.

Alguien que no desea abrir su propia empresa, ni tiene el impulso para tomar sus propias ideas y dirigir su propio negocio, elige seguir una de tres rutas. La mayoría persiste. Siguen enviando sus currículos, preguntándoles a sus amigos en LinkedIn y siguen buscando los anuncios que ofrecen empleo. Con el tiempo, quizá cuando la economía se recupera, hay quienes encuentran un cargo que les permite pagar las cuentas, así no sea el empleo que soñaron tener. Los recién graduados que entran al mercado laboral en medio de una recesión pueden tardar hasta una década para que sus ingresos alcancen los niveles de los profesionales que se graduaron en mejores momentos.

Otros de los que buscan empleo, toman trabajos temporales o de medio tiempo. Pasan de ser desempleados a ser subempleados. Los verás saludando a los compradores en Walmart y ayudando a organizar anaqueles o corriendo en las oficinas postales durante la época navideña. Este tipo de trabajos no son aptos para darle independencia a un adolescente cuando reciben su primer sueldo, ni les cubre su necesidad financiera a personas que tienen las habilidades y la experiencia para hacer mucho más que eso, pero son mejores que la tercera opción, que es darse por vencido.

Durante los últimos 30 años, aunque el campo de la Medicina ha avanzado y las leyes han hecho más difícil que las empresas les nieguen empleos a personas con discapacidades, las solicitudes de beneficios por discapacidad han alcanzado niveles récord. En 1985, cuando la tasa de desempleo estaba un poco por encima del 7% por cada 100 trabajadores, menos de uno elegible hacía solicitudes para pagos por discapacidad. En el año 2010, cuando la tasa de desempleo casi llegó al 10%, se duplicó el porcentaje de trabajadores que afirmaban estar demasiado enfermos como para poder volver a trabajar en su vida. Unos 14 millones de estadounidenses ahora reciben pagos por discapacidad de parte del gobierno en lugar de recibir un sueldo de un empleador.

Es claro que algunas de esas personas van a necesitar alguna clase de ayuda, pero cuando las solicitudes de ayuda por discapacidad aumentan y coinciden con las tasas de desempleo, se hace evidente que muchos de los que han luchado y no han logrado obtener un empleo se han dado por vencidos. Se rinden ante la vida y consigo mismos. Deciden que nunca más volverán a aceptar un trabajo que pueden hacer, y se conforman con una vida sin logros, con ingresos mínimos y a menudo devastadores.

Eso nunca sucede con los emprendedores.

En un hilo de Reddit respecto a las dificultades que hay al buscar empleo, un usuario se describió como "el incontratable". Después de 10 años haciendo parte de una banda, terminó sin educación, sin experiencia laboral y con tatuajes en sus manos y rostro. Entonces, decidió montar sus propios restaurantes, siguiendo el consejo de Robert Kiyosaki, autor de *Padre rico, padre pobre*, y ahora se describe a sí mismo como "rico".

Otro usuario describió cómo fue ser un padre soltero desempleado en 1994, que debía cuidar de su hija de cuatro años. Estancado en casa, optó por jugar con computadoras e internet. Fue así como le dio comienzo a una empresa de optimización para motores de búsqueda (SEO, por su sigla en inglés) y pasó a ofrecer búsquedas pagadas hasta que 20 años después logró construir una empresa que requería para su funcionamiento de 150 empleados de tiempo completo. Cuando la visa de estudiante de una de sus empleadas estaba por expirar, su compañía la patrocinó para que ella permaneciera en el país en lugar de que tuviera que volver a África.

Incluso los emprendedores que no tienen muchos problemas para encontrar empleo descubren que su espíritu emprendedor puede activarse cuando no logran obtener con exactitud el tipo de trabajo que quieren. Un informe en *Business Insider* describió cómo a Daniel Saks se le dificultó encontrar empleo en un banco de Wall Street a pesar de contar con un título en contabilidad y finanzas de la Universidad de Harvard. La recesión estaba en su punto máximo cuando él se graduó en el año 2009. Y los bancos, que en otro momento le habrían garantizado toda una vida de altos ingresos, estaban reduciendo el personal y no estaban contratando. Hasta la firma de 100 años que pertenecía a su familia acababa de cerrar. En lugar de conformarse con el desempleo y tomar un trabajo que no le ofreciera los desafíos que quería, Daniel creó AppDirect, una empresa de software que crea mercados de aplicaciones. Para el año 2015, la compañía fue avaluada en $600 millones de dólares.

Las personas en busca de empleo deben demostrarles a los empleadores que tienen las habilidades necesarias para desempeñar con éxito una tarea específica. Pero los emprendedores tienen las habilidades que les permiten crear su propio éxito. Tienen impulso. Tienen visión. Resuelven problemas. Inspiran a otros. Pueden ver el cuadro completo. Cuando tienes esas habilidades para la vida, no necesitas impresionar a un empleador. Tú eres el empleador.

5

Tuviste un puesto de limonada y trataste de vender los derechos de franquicia

Cuando Richard Branson tenía 15 años, el director de la escuela donde él cursaba sus estudios de secundaria les sugirió a él y a su amigo Jonny Gems que plasmaran sus perspectivas acerca de la educación del plantel en la revista escolar. A Branson no le entusiasmó mucho la idea. Él creía que la opinión de la escuela en cuanto a castigo corporal, asistencias obligatorias a la capilla, los deportes y aprender latín eran medidas demasiado radicales como para hablar de ellas en la revista *El estoico*. Lo que él quería era organizar su propia publicación para poder abordar temas en común entre diferentes escuelas.

Las ambiciones de muchos estudiantes brillantes suelen llegar hasta ese punto: piensan en crear su propio periódico o revista y planean las secciones que quieren incluir. Y eso es lo más lejos que llegan.

Pero los chicos emprendedores hacen realidad esos anhelos. Escriben las historias y persuaden a sus amigos para que aporten sus propios artículos. Luego, diagraman el material escrito, lo organizan y lo imprimen; además, es muy probable que, si se trata de un buen emprendedor, este logre persuadir a algunas empresas para que publiquen algo de publicidad en las páginas de su periódico escolar. Así que no es de sorprender que este adolescente, que al poco tiempo lanzaría una tienda de pedidos por correspondencia y una tienda de discos para luego llegar a abrir una aerolínea y administrar un ferrocarril, hubiese elegido anunciantes en el directorio telefónico, le hubiera escrito a una cadena de periódicos para hablarle sobre distribución hasta llegar a producir un verdadero plan de negocios para el periódico de su escuela.

A menudo, la capacidad de emprendimiento emerge desde muy temprano en la vida del emprendedor innato. Quienes tienen ese impulso para construir algo grande, crear una empresa, ofrecer un producto que otros quieren y ganar su propio dinero tienden a mostrar ese impulso desde muy corta edad. Temper Thompson comenzó el mercadeo en internet cuando estaba en octavo grado. Decidido a ganar suficiente dinero como para costearse su hábito de los videojuegos, no quería pedirles dinero a sus padres, así que se propuso la meta de ganar $100 dólares al mes. Fue así como los cursos que vendía acerca de cómo publicar en Kindle llegaron a generarle $360.000 dólares al año a la edad de 17 años.

Otros emprendedores adolescentes incluyen a Leanna Archer, quien convirtió la pomada para el cabello hecha por su abuela en una línea de productos naturales cuando tenía 9 años. Robert Nay tenía 14 años cuando aprendió por su cuenta a escribir códigos de sistemas, escribió Bubble Ball y generó más de un millón de descargas en un lapso de dos semanas después del lanzamiento de su producto, desbancando a Angry Birds del primer lugar como la App más descargada de las tiendas de aplicaciones. Nick D'Aloisio tenía solo 17 años cuando Yahoo le compró su nueva aplicación de resumen de noticias, Summly, por $30 millones de dólares.

Una de las mayores diferencias entre los emprendedores y otros negociantes no es la idea que ellos tengan, sino su capacidad de ejecución; esa habilidad para pensar y crear un producto a partir de un plan se hace evidente desde muy temprana edad. Si alguna vez vendiste tarjetas de béisbol en el patio de tu escuela o hiciste tus propios collares y tus amigas estaban dispuestas a comprártelos, entonces no necesitas que alguien te diga si eres o no un emprendedor.

En mis propias experiencias como empresario, un terrible accidente que aplastó mi pie y mi tobillo en una obra de construcción me quitó la habilidad de caminar. Así que, mientras me transportaban en una camilla, mi espíritu emprendedor tomó control y aprendí por mi cuenta todo lo que debía saber acerca del mercadeo por internet. Pasé horas estudiando este tipo de mercado y aprendiendo cómo funcionaba; y fue esa circunstancia la que me ayudó a comenzar el que llegó a ser un blog de 7 cifras. Fueron ese impulso y la determinación a temprana edad los que alimentaron en mí ese éxito emprendedor más adelante. Y aunque no fue mi primer intento en una nueva empresa, fue el más avanzado que desarrollé en aquellos comienzos en que tuve mi primera ruta de periódicos y mi primer puesto de limonadas.

Al parecer, el primer negocio más tradicional siempre ha sido el puesto de limonada. Es sencillo organizarlo, fácil de entender y es divertido administrarlo. Una mesa donde se venden bebidas suaves puede emocionar a cualquier joven emprendedor. Para los padres hay pocos momentos que sean más inspiradores que cuando ven a sus hijos comenzar a fantasear con respecto al dinero que apenas están por ganar. Ese es su primer contacto con la posibilidad de ser emprendedores, ¡y están emocionados! Escuchan cuando les explicas los costos de los vasos, los limones y el azúcar. Proponen una y otra idea sobre el tamaño del anuncio y qué ubicación elegir. Comienzan a hablar de su puesto entre sus amigos usando aplicaciones de redes sociales que no existían cuando yo era niño. Si ese fuiste tú, recordarás el orgullo que sentiste cuando viste los billetes de dólar rebosando tu lonchera metálica.

Sin embargo, los noticieros locales ahora están llenos de reportes de policías cerrando empresas que incumplen con las leyes locales. En el verano de 2015, incluso fueron tras Jerry Seinfeld. O más bien, tras su esposa, Jessica, quien había organizado un puesto de limonada en East Hampton para recaudar fondos para las obras de caridad que ayudan a las familias con problemas financieros. La policía, actuando según una queja de los vecinos, les informó que los códigos locales de East Hampton Village prohíben todas las ventas ambulantes en propiedades de la ciudad. Solo debo comentar aquí que, habiendo leído este manuscrito cantidad de veces, quiero añadir este comentario: me entristece, e incluso me enoja, que algún idiota vecino de Hampton haya considerado que era su deber quejarse por un puesto de limonada. Ahh sí, los emprendedores tenemos poca paciencia con los idiotas, tontos y asesinos de sueños. Incluso tenemos otras palabras más agudas que, probablemente, no deberíamos incluir en este libro y que usamos contra "ese tipo" de personas. Los puestos de limonada ahora han surgido en contra de los códigos locales que les exigen el permiso de funcionamiento del negocio a los vendedores ambulantes y de comida; y aun así, los defensores declararon a agosto 10 de 2013 como el día de la libertad para vender limonada.

Es posible exagerar con respecto a esos eventos. Escuchamos de un puesto de limonada destrozado por gigantones con bates, pero no escuchamos cuando un par de chicos, por medio de algunos galones de agua de limón y azúcar, y sin la intención de molestar a nadie, logran ganar suficiente como para comprarse un nuevo videojuego.

En estos tiempos, los niños tienen más opciones. Aplicaciones como Hopscotch, Scratch y CodeMonkey les enseñan a ser los genios de las computadoras desde antes que lleguen a la adolescencia. Pero una cosa es que ellos adquieran esas destrezas de codificación y otra mucho más difícil es convertirlos en empresarios. Un estudio del año 2009, realizado por el Pew Research Center, encontró que solo el 4% de los jóvenes entre los 16 y los 29 años era independiente. En realidad, la edad promedio de quienes emprenden una empresa por primera vez es 43, época en la que ellos ya han acumulado habilidades y experiencia, están conectados a las redes y cuentan con algo de capital disponible.

Un niño que crea cualquier tipo de empresa, ya sea un puesto de refrescos, una transmisión en vivo o una competencia de Minecraft muestra precisamente el impulso, la determinación y la acción que se requieren para llevar a cabo cualquier esfuerzo de emprendimiento. Sin lugar a duda, ese niño administrará algún día su propia empresa.

Si no pasaste por la experiencia de ser dueño de un puesto de limonada, sino que entraste directo al entorno laboral, no te preocupes, quizá no seas el próximo Richard Branson, pero son muchas las tiendas que no son lo que solían ser y, en la actualidad, crear una empresa puede exigir mucho más que un plan de negocios y una bolsa de limones.

PARTE 2

Las personas a tu alrededor

Nadie nunca ha construido una empresa por sí solo. Los emprendedores siempre buscan socios que les ayuden a comenzar sus negocios y a superar los obstáculos. Se rodean de trabajadores independientes y de personal que termine las tareas que ellos no pueden hacer, o que las hacen en menos tiempo, para así concentrarse en ejecutar las labores más difíciles y que ellos tengan que hacer por sí mismos.

Pero sobre todo, se rodean de personas que sepan darles el apoyo emocional e intelectual que necesitan. Los empresarios tienen familiares que entienden los sacrificios que se requiere hacer para convertir una idea en empresa y aprecian el amor y el apoyo que ellos les brindan.

Son sociables y saben hacer amistades con completos extraños, colegas, clientes y socios. Pueden ser introvertidos o extrovertidos, pero cuando es necesario, son encantadores al hablar con pasión de sus negocios y al escuchar con mucho interés las historias de los demás.

Ellos saben que no todos los entienden y comprenden; que siempre habrá quienes tratarán de desanimarlos o retenerlos.

No todos creerán en sus ideas y, entre quienes sí les crean, no dejará de haber alguien que piense que ellos no siempre son los indicados para convertir tantas maravillas en realidad. Las personas a su alrededor pueden ser o muy destructivas y cínicas o de apoyo y ayuda. Sin embargo, los verdaderos emprendedores saben cómo filtrar la envidia y la negatividad para quedarse con lo positivo y que les inculque ánimo, ignorando lo primero y aceptando lo segundo.

Las empresas dependen de la gente adecuada. Se apoyan en las personas indicadas para pertenecer a la compañía y buscan al personal apto para vincularlo a ella, animándolo siempre.

En esta sección presentaremos las nueve maneras en que la relación de un emprendedor con quienes lo rodean es determinante en sus probabilidades de éxito.

6

Antepones tu negocio
a tu familia

La mayor diferencia entre un emprendedor y un empleado está en las horas en que cada uno de ellos trabaja. O más bien, en la forma como cuentan las horas que trabajan.

Pregúntale a cualquier empleado, así esté en un cargo de alto nivel ejecutivo, cuántas horas aporta cada semana y te dará un promedio bastante aproximado. Alguien que registre su entrada y su salida del trabajo todos los días sabe a ciencia cierta que trabaja 40 horas exactas, a menos que esté haciendo algo de horas extra. Un ejecutivo que recibe su salario por desempeño y no por la cantidad de horas trabajadas llegará con facilidad a una cifra más cercana a las 50 o incluso 60 horas a la semana, si siente que dedica casi todas sus horas del día a responder correos electrónicos y a preparar informes.

Pero pregúntale a un emprendedor cuántas horas trabaja y te mirará con una expresión de extrañeza en su rostro. También puedes preguntarle cuántas horas pasa respirando. Para los emprendedores no hay diferencia entre vivir y trabajar. Su negocio consume todas las horas disponibles. Cuando no están en la oficina, están trabajando desde casa. Cuando están comiendo, su teléfono móvil no deja de sonar y les sirve para ver en miniatura alguna hoja de estadísticas. Incluso cuando van conduciendo y no pueden mirar a una pantalla están haciendo llamadas, escuchando podcasts o pensando en todas las tareas que tienen por hacer cuando lleguen a la oficina o a casa. En resumen, para ellos la vida es trabajo y el trabajo es vida, y no pueden asumirla de otra manera.

A menos que la vida no sea trabajo, también consiste en sus familias, sus hijos, amigos, actividades, pasatiempos e intereses, y en todos los demás alicientes que les dan razones para hacer todo lo que ellos hacen.

Una de las primeras cosas que suceden cuando organizas tu propia empresa y comienzas a construirla es que todas aquellas otras cosas quedan a un lado. La empresa llena todo el espacio disponible.

Y aun cuando eso significa pasar menos tiempo en la tabla de surf o viendo televisión, termina siendo un buen intercambio. Estas cambiando una actividad divertida por una mucho más disfrutable y valiosa. Pero cuando esto significa pasar menos tiempo con tu pareja o tu familia, no solo eres tú el que hace el sacrificio.

Tu pareja te ve menos y tiene que hacer más cosas en casa porque tú estás muy ocupado como para colaborar en los quehaceres hogareños. Tus hijos tienen un compañero de juegos menos y no tardarán en sentir que no son la prioridad en tu corazón. Para un emprendedor con familia, los sacrificios van más allá del dinero, el tiempo en la playa y la seguridad. Son cosas serias y lastiman.

Rand Fishkin, Director Ejecutivo de SEOmoz, describió cómo eran esos sacrificios en su libro *Startup Life: Surviving and Thriving in a Relationship with an Entrepreneur*. Sus largas horas de trabajo no le daban tiempo para dormir o descansar, o incluso recuperarse de una enfermedad, así que un pequeño resfriado podía durar hasta siete semanas. Su dolor de espalda era casi constante y lo hacía caminar con bastón. Las "vacaciones" eran un día en el que trabajaba menos de cuatro horas y lo máximo que se ausentaba sin revisar el correo electrónico eran 40 horas. Incluso, no tuvo luna de miel para asegurarse de no perder tiempo de trabajo.

El efecto de esa dedicación tiende a ser severo. En su libro, *For Better Or For Work: A Survival Guide For Entrepreneurs,* Meg Hirshberg describe un seminario de negocios liderado por su esposo Gary Horshberg, cofundador y Director Ejecutivo de Stonyfield Yogurt:

"Mientras él hablaba sobre las dificultades y las privaciones en los primeros años de Stonyfield, los empresarios en la audiencia dirigían su atención hacia mí. Muchos tenían lágrimas en los ojos. '¿Cómo sobrevivieron como pareja?', querían saber. Las historias de dolor no tardaron en surgir. 'Mi esposo me dejó'. 'Mi esposa se divorció de mí'. 'Mi madre ya no me habla'. 'Mis hijos apenas saben quién soy yo'. 'Ella tiene aversión al riesgo; yo soy un apostador'. 'Él cree que me importa más la compañía que él mismo. A veces me preocupa que tenga razón'".

Esos son precios muy altos que se pagan por organizar tu propia empresa y todo emprendedor puede sentirse identificado. Poner a tu empresa antes que tu familia es algo natural. Incluso, es inevitable. Pero esto no se logra sin tener que pagar un precio y el emprendedor no es el único que lo paga.

Hay actividades útiles para disminuir ese alto precio. Los empresarios suelen darles espacio a actividades que liberen presión, tales como correr o ir al gimnasio. Elige una actividad para hacerla con tu pareja y tendrás algo que podrán hacer juntos con frecuencia. Establece límites estrictos sobre tus horas de trabajo y mejorarás tu productividad; evita que el trabajo se extienda hasta llenar todo tu tiempo disponible.

Rand Fishkin mejoró su equilibrio entre el trabajo y su vida en familia al ver a un entrenador que le aconsejó llegar a casa a las 7 p.m. y no tocar nada del trabajo hasta la mañana siguiente, algo que nunca había hecho antes. También planeó tomar vacaciones de 10 días durante los cuales el trabajo se limitaría a no más de una hora al día... y estaría cronometrado con reloj. Durante los fines de semana solo podría trabajar un día y solo durante máximo una hora.

También aprendió a decirles "no" a muchos de los proyectos y tareas que en el pasado habría estado dispuesto a aceptar. Ese pudo haber sido uno de sus movimientos más acertados. Parte del proceso de aprender a administrar tu propia empresa es entender la necesidad de delegar; es posible hacerlo con todo aspecto de tu empresa. Lo que sí no puedes delegar es el tiempo con tu familia.

Esto también ayuda a tener como pareja a un emprendedor que entiende lo que es luchar y que también está dispuesto a remangarse la camisa para ayudar. Construir algo juntos como familia también permite obtener equilibrio. Escucharlos cuando te dicen que hagas el trabajo a un lado también es clave, porque ellos te ayudan a tomar un descanso y son la voz de la razón cuando es necesario. Préstales atención y no olvides que ellos te necesitan a ti tanto como tú a ellos.

¿Estás buscando cómo ahorrar dos horas al día? Ingresa a www.selfemployed.com/book y busca las 12 herramientas que uso y que me permiten ahorrar hasta dos horas cada día para así tener el tiempo para estar con mi familia.

7

Y tu familia te apoya de todas formas

Los emprendedores pueden darse el lujo de sacrificar tiempo con su familia, pero no pueden ser emprendedores cuya familia, bien sean sus cónyuges, padres y familia política, no respalda ese sacrificio, al menos por una vez. Este periodo de inicio en el emprendimiento lo he denominado el "periodo de paréntesis" o "la fase de paréntesis". En cierto modo, ser empresario funciona mejor si tienes el respaldo de todas las partes. Ese respaldo proviene en toda clase de formas, pero la señal más grande y más obvia es la firma en el cheque.

Según un informe del año 2013, comisionado por las universidades de Babson y Baruch, no menos del 87% de las empresas nuevas recibe financiación temprana de parte de familiares y amigos. Casi la mitad de quienes respaldan a estos emprendedores son sus pares en edades entre los 18 y los 34 años, aunque muchos de ellos, en lugar de darles dinero, también están dispuestos a trabajarles gratis, a darles un espacio dónde vivir y/o trabajar; y es innegable que esas ayudas ahorran gastos que una naciente empresa sin ingresos no puede cubrir.

Por lo general, incluso cuando un emprendedor recurre a la financiación del público para recaudar dinero, las personas más allegadas a él son las que le aportan los primeros fondos y le ayudan a esparcir la voz sobre su naciente empresa.

Las ventajas de valerse de amigos y familiares son muy claras. El aporte promedio es de $15.000 dólares y la financiación total suele estar entre $25.000 y $150.000, dependiendo del tamaño de los bolsillos de la familia. Y lo mejor de todo: es una ayuda rápida. Según Basil Peters, entrenador de salida e inversionista ángel, la ronda de "la familia y los amigos" suele completarse en un par de meses.

Ocho semanas después de soñar con una idea, luego ir al banco de mamá y del suegro, tu empresa podría estar en marcha y desarrollando su primer producto.

Esa parece una solución ideal. Tu familia te ama y quiere que triunfes. Confía en ti y no hará la clase de exigencias que suele hacer un inversionista de riesgo. Sin duda, tus familiares no te llevarán a la bancarrota si nada te funciona y ellos no vuelven a recibir su dinero, porque, cuando ellos buscan en sus bolsillos para respaldar tu idea de negocio, no están tomando una decisión financiera de la manera como lo haría un funcionario de créditos en un banco. Tampoco derrumbarán tu propuesta de ventas como lo haría un inversionista de riesgo. Ellos te dan los medios para hacer realidad tu sueño sin importar lo poco probable que este parezca al comienzo.

Pero la conveniencia de tomar respaldo financiero de amigos y familiares también tiene su precio. Convivirás con ellos por largos años. Tomarás su dinero y lo invertirás en una inversión de alto riesgo. Y como toda nueva empresa es de alto riesgo, entonces al encontrarte con ellos en cada celebración de cumpleaños, Acción de Gracias y Navidad será inevitable que tengas que (léase llegar a) explicarles cómo está la compañía y qué hiciste con su dinero en efectivo.

Toma el dinero de un capitalista de riesgo y, si tu plan no funciona, nunca tendrás que volverlo a ver. Toma el dinero de tus familiares para crear tu empresa y, ya sea que esta funcione o no, estarás cambiando para siempre las relaciones al interior de la familia.

Hay cosas que te beneficiará hacer para facilitar ese cambio. Basil Peters recomienda concentrarte en darles a tus familiares la ganancia justa; procura estar alineado con ellos y vigilar al máximo la administración de los recursos que recibiste. Recuerda que esos familiares que invierten sus ahorros en tu empresa, aparte de tener derecho a una participación justa, también tienen derecho a cuestionar el esfuerzo que haces para generar utilidades sobre sus inversiones. Todos los inversionistas deberían tener el mismo tipo de patrimonio, afirma él; lo ideal es que sean acciones ordinarias, para que todos tengan el mismo interés en el mismo resultado: un aumento en el valor de la compañía. Y aunque, por lo general, la primera junta administrativa estará conformada por fundadores que vigilen los gastos del dinero de tus familiares, incluso en esa etapa, vale la pena recordar que, cuando tratas de reunir mucho dinero, necesitarás una junta directiva con experiencia.

Desde luego, el apoyo que la familia te da como emprendedor no es solo financiero. También es emocional; y cuando ya le has devuelto el préstamo, su apoyo es lo más importante. Esa clase de respaldo solo se encuentra en la familia.

Comienza con paciencia. La familia de un emprendedor tiene que entender que el éxito puede ser repentino, pero también puede tardar años en llegar. Y durante esos años, tus familiares escucharán una y otra vez sobre la empresa, sus problemas y su progreso. Ellos viven con esa empresa tanto como con su familiar empresario. Así que, cuando un emprendedor recibe el apoyo de sus seres queridos, no es solo porque ellos quieren que él tenga éxito, sino porque comparten su sueño con él. Ellos ven la empresa de la misma forma y tienen la misma visión.

Entienden que, aunque no estén respondiendo correos electrónicos en la oficina, ni diseñando el empaque en el que irán los productos en venta, siguen aportando al desarrollo de ese sueño y pueden sentirse tan orgullosos de ese éxito como su familiar que lo soñó y lo creó.

El respaldo que la familia le da al empresario también consiste en escucharlo. Ya sea que la empresa sea grande o pequeña, él como dirigente suele tener poca compañía de confianza en su entorno y tiene en mente cosas que no les dice a sus socios o cofundadores, por muy cercano que sea de ellos. Él solo descargará todas sus inquietudes con su familia, la cual debe prestar oído a lo que él necesita decir. No siempre se trata de darle consejos u ofrecerle soluciones a sus problemas, ya que casi siempre, el emprendedor sabe cómo resolverlos, así que la colaboración familiar consiste en estar disponible para escucharle sus preocupaciones; en ayudarle a hacerlas a un lado y lograr que él vuelva al campo de juego. Su mejor amigo podrá apoyarlo, pero, por lo general, la familia hace un mejor trabajo.

Quizás el apoyo más importante que un emprendedor recibe de su familia es el incondicional. No es inusual que un cónyuge apoye a su pareja mientras adelanta sus estudios en la Escuela de Medicina o de Leyes, pero al final de ese proceso, deberá haber un empleo con un salario alto que los beneficiará a ambos.

Sin embargo, las probabilidades de fracaso son mucho más altas para un emprendedor. Es muy posible que al final de los años de trabajo invertidos durante largas horas, con ingresos bajos acompañados de mucho estrés, que podrían convertir a alguien en un médico o abogado de Wall Street, resulten no dándole más que canas y cajas de inventario sin vender. Por esa razón, cuando eres emprendedor y tienes una familia que comprende los riesgos que afrontas, y aun así está preparada para el fracaso, es bastante probable que funciones mejor y que logres triunfar.

8

Te agradan quienes te rodean y tú les agradas a ellos

Cualquier libro de gerencia se podría resumir en estas palabras: "Los grandes gerentes no gerencian, sino lideran".

Ellos inspiran a los demás. Esparcen su visión a lo largo y ancho de las empresas, les dan a todos los que las integran la sensación de estar invitados a hacer parte del proyecto. Una compañía tiene éxito cuando los empleados sienten que su participación en ella es tan importante como la de su emprendedor y dueño.

¿Qué marca la diferencia entre un emprendedor que lidera y uno que debe apoyarse en gerenciar? Esa diferencia no es visible. No es algo que se pueda aprender con facilidad, aunque hay entrenadores que afirman que son capaces de compartir las técnicas que diferencian a estos dos estilos de empresarios. Sin embargo, esto se resume en un aspecto intangible, imposible de medir: el carisma.

Se trata de establecer y mantener excelentes relaciones interpersonales. Ambos prosperan con el apoyo de otros. En mi caso, me gusta compartir con las personas, ya sea por algo que aprendí de ellas o porque lo que compartieron conmigo me hizo reír o pensar; todo lo que los demás me brindan me ayuda a tener éxito en mi deseo de interconectar personas y ser empresario. Es la capacidad de crear conexiones y redes la que impulsa mi éxito empresarial.

Un emprendedor podría ser un hombre de negocios, un ingeniero, un visionario o un sobresaliente vendedor. Pero también es alguien con "Don de Gentes". Los empresarios tienen encanto. Ellos halagan, inspiran, reprenden, explican y comunican. Deben hablar y convencer a los capitalistas de riesgo para que los financien, lograr tratos con clientes importantes, obtener créditos con gerentes de bancos, impulsar la dedicación de los empleados, lograr la cooperación de socios y la confiabilidad de los proveedores.

La principal herramienta de un ingeniero de software viene siendo su teclado y su pantalla. Un diseñador se gana la vida frente a su tabla de dibujo y con una paleta de colores. Un escritor construye ideas y las desarrolla al elegir las palabras adecuadas para plasmarlas. De igual manera, la herramienta más importante del oficio de un emprendedor es la comunicación interpersonal, esa destreza para hablar con facilidad con cualquier persona, desde un trabajador en el piso de producción hasta con un presidente de la junta que fue el director de una empresa del listado *Fortune 500*.

Los beneficios de ese talento en las comunicaciones se dan justo al comienzo de la empresa. Las compañías pequeñas comienzan con una sola persona o con un pequeño grupo de amigos, pero tan pronto como crece más allá de los límites del garaje, el emprendedor tiene que traer ayuda. Para casi la mitad de las empresas, eso significa buscar y contactar personas que ellas conozcan. En *The Founder's Dilemmas: Anticipating and Avoiding the Pitfalls That Can Sink a Startup)*, Noam Wasserman, profesor asociado de Administración de Empresas en la Universidad de Harvard, indica que el 49% de las contrataciones a nivel directivo y de vicepresidencia que hacen los nuevos emprendimientos se logra escogiendo personas de la red personal del director ejecutivo y del fundador. Eso significa que, cuantas más personas conozcas, más relaciones construirás. Y en la medida en que mantengas esos contactos, más opciones tendrás para obtener socios potenciales y empleados.

No es fácil definir las características que constituyen el carisma. En una entrevista del año 2012 con *The Economist*, Olifia Fox Cabanem, quien trabaja como entrenadora ejecutiva en carisma para empresas *Fortune 500*, define el carisma como "una forma de agradar a los demás, hacer que confíen en ti y que quieran hacer lo que quieres que ellos hagan. Eso es lo que hace que otros te sigan o quieran trabajar contigo, con tu equipo o en tu compañía".

En su libro *The Charisma Myth: How Anyone Can Master the Art and Science of Personal Magnetism* ella va más allá: "El carisma tiende a tomar cuatro formas diferentes: de enfoque, de visionario, de amabilidad y de autoridad".

El carisma de enfoque hace que las personas sientan que las escuchan y las entienden. Bill Gates lo tiene, al igual que Elon Musk. Eso es lo que hace que un trabajador de una fábrica se sienta importante cuando el director ejecutivo le pregunta cuál es su función dentro de la compañía y lo escucha cuando él le dice cómo cree que podría hacer mejor su trabajo.

Por lo general, notamos este tipo de carisma cuando está ausente. Todos hemos conocido ese tipo de personas en fiestas: hablan con un ojo mirando por sobre tu hombro con la esperanza de encontrar a alguien más importante. No te están escuchando, ni les interesa otra persona más que ellas mismas.

El carisma visionario crea confianza. Permite que el emprendedor inspire a un grupo muy diverso, logrando que todos lo que lo integran caminen en la misma dirección y crean en una misma causa. Fuera del mundo de los negocios, ese es el pegamento que mantiene unidos a los cultos y a los seguidores religiosos. Para los emprendedores, el carisma es la diferencia entre otro producto y un producto líder, entre clientes y evangelistas, entre usuarios y fanáticos. Es lo que convierte en socio de inversión a un inversionista de riesgo.

El carisma de amabilidad es mucho más escaso. Basado en calidez y generosidad, el empresario carismático amable hace que las personas se sientan amadas y deseadas. Es lo que convirtió al Dalai Lama, Maynmar, Aung San y Suu Kyi en figuras tan respetadas. Esta cualidad se encuentra con más frecuencia en la política —quienes participan en ella son animados a donar y trabajar como voluntarios— que en los negocios —donde las personas reciben sueldo y son lideradas.

El carisma con autoridad parece ser el más poderoso de todos y sus raíces están en el poder mismo. Se proyecta mediante apariencia: mediante la manera de vestir y el lenguaje corporal, así como en la gestualidad y la voz del empresario. Este tipo de emprendedor transmite confianza en sí mismo y esa seguridad propia les brinda confianza a los demás. Esta es una forma de carisma que debe crecer de manera natural con el éxito. Cuanto más logres, más confianza tienes en tu habilidad para seguir obteniendo logros y más confianza tendrán los demás en tu capacidad de llevarlos a compartir parte de tu éxito. No siempre es agradable, pero siempre es imperdible.

Ninguna de estas formas de carisma llega a ti completamente formada. Es muy probable que comiences una carrera de emprendimiento con muestras de algunas de ellas, las suficientes como para impulsar a quienes te rodean y así comenzar a moverte. Pero, a medida que avanzas, ese carisma natural debería extenderse y hacerse más profundo. Conoces más personas y esas personas quieren conocerte a ti y estar cerca de ti. Escuchan cuando hablas, piensan en lo que dices y comparten tu visión con sus amigos y contactos. Aceptan tus peticiones y tu persuasión se convierte en un llamado ante una puerta abierta. Cuanto más triunfes en tus comunicaciones, más entenderás cómo comunicarte con eficacia. Y cuanto más éxito tengas en tus comunicaciones, más éxito tendrá tu empresa.

Los emprendedores inician su labor sintiendo agrado hacia los demás y por el camino encontrarán que ellos también les agradan a quienes los conocen. Pero los empresarios de éxito no tardan en descubrir que esa empatía terminará por convertirse en confianza, inspiración y éxito.

9

Tu amigo imaginario es Steve Jobs

Cuando organizas tu propia empresa, pierdes un aspecto de la vida laboral que se disfruta mucho: le dices adiós al enfriador de agua. Cuando eres el jefe, no descansas ni por un instante tu codo sobre el botellón de agua y te quejas de tu gerente. No te detienes a hablar con un compañero de oficina para discutir por qué crees que la compañía debería estar moviéndose en una dirección muy diferente.

Esos son privilegios que solo los disfrutan los empleados.

Como director ejecutivo, no tienes pares. Es probable que tengas un socio, pero no podrás quejarte, ni descansar en la cálida sensación que experimentas cuando piensas que sabes más que cualquier otra persona.

Tú tienes que asumir la responsabilidad.

Si crees que algo anda mal en la compañía, de ti depende resolverlo. Si te frustra la falta de progreso en el desarrollo de tu producto o de penetración en el mercado, no puedes solo quejarte y desahogarte, sino que debes hacer una revisión y crear un nuevo plan.

Cuando eres emprendedor, no importa cuán grande sea la compañía, ni cuántos empleados tenga la nómina, tú estás por tu cuenta. Un emprendedor no tarda mucho en entender que la cima es un lugar solitario.

Esa es una de las razones por las cuales las conferencias de negocios son tan importantes. Esos encuentros en los que los emprendedores aprenden las últimas técnicas de mercadeo o acerca de Big Data también son oportunidades para que ellos hablen con sus colegas acerca de los desafíos que implica el hecho de dirigir una compañía. Es verdad que los emprendedores no podemos pasar tiempo conversando alrededor del enfriador de agua, pero sí podemos compartir con otros durante una conferencia de negocios y, cuando vas a un evento como este, encuentras muchas personas que hacen lo mismo que tú.

Pero las grandes conferencias solo tienen lugar unas pocas veces al año. Son descansos que no hacen parte de la rutina de trabajo. Quizás hasta encuentres comunidades que organizan pequeños eventos para emprendedores una vez al mes, o incluso cada semana, pero aun así, eso significa que, durante el resto del tiempo, un emprendedor trabaja solo.

Sin embargo, los emprendedores trabajan teniendo a su lado el espíritu de otro emprendedor que admiran. En una ocasión, ese amigo de negocios imaginario puede haber sido Jack Welch, quien aumentó el valor de GE en un 4.000% durante los 20 años que estuvo al mando de esta empresa. Los ejecutivos principales que dirigieron empresas durante las décadas de 1980 y 1990 pudieron haber hecho algo mucho peor que preguntar "¿qué haría Jack?" cada vez que enfrentaban un problema o luchaban con una difícil decisión.

Antes de 1980, pudieron haber trabajado con el fantasma de Henry Ford mirando sobre sus hombros, o con el de John D. Rockefeller. Cada Era ha tenido sus héroes de la administración y todo emprendedor se ha sentido inspirado por ellos, así nunca los hayan conocido, ni leído las biografías que tantos de ellos publican después de jubilarse.

Durante al menos la última década, ese héroe ha sido Steve Jobs. Busca en Google los términos "Steve Jobs" y "emprendedor" juntos y obtendrás más de 1.6 millones de resultados. Esas páginas te ofrecerán citas, estrategias, estudios de casos y destrezas. Si el emprendimiento tuviese un santo patrón, la cara del hombre con saco de cuello de tortuga negro ya estaría decorando medallones e íconos.

Esta dedicación a Steve Jobs tiene toda clase de razones, las cuales van más allá de la posición que ostenta Apple como la compañía más valiosa del mundo.

Parte de esto se debe al ánimo de la época. Hoy, pocos podrían decir el nombre del presidente de GE, o decir quiénes son los directores ejecutivos de Ford o Chevrolet. Esas empresas, que en otro momento dominaron la industria de los Estados Unidos, han sido remplazadas por las firmas de tecnología. Estas últimas son las que ahora dominan en términos de los beneficios que aportan a la economía y el efecto que tienen sobre la vida de las personas.

Todos saben quién creó Facebook y Google, y quién es el director de Apple. Si los autos fueron la clase de producto más importante de los Estados Unidos, ahora son los teléfonos móviles y el internet, el área en la que opera Apple. Carlos Slim ha sido el hombre más rico del mundo, pero dado que opera en el campo de las telecomunicaciones, pocas personas fuera de su nativo México han escuchado hablar de él. Steve Jobs, estuvo en la industria correcta en el momento preciso.

Siempre fue un disidente. Mira fotografías de Jack Welch o de Steve Forbes y verás la foto de un hombre vestido de traje. Tendrás que buscar más para encontrar una fotografía de Steve

Jobs con corbata. La elección de vestuario es una forma de confianza: cuando eres tan bueno, no tienes que seguir las normas.

Lo más importante es que Steve Jobs demostró tener la razón incluso cuando todos los demás decían que estaba equivocado. La historia de su regreso después de haber sido despedido de su propia empresa, la que él mismo había creado y convertido en una compañía de gran éxito, y que al volver la catapultó hasta convertirla en la primera del mundo... bueno, resulta ser un hecho legendario.

Todo emprendedor tendrá momentos en los que enfrentará resistencia. La gente le dirá que lo que quiere hacer es imposible. Muchos le enumerarán toda clase de razones para su inminente fracaso. Recibirá consejos y se preguntará si debe seguirlos o confiar en sus propios instintos. Luego, pensará en Steve Jobs, quien siempre tuvo sus propias ideas y más razón que cualquier otra persona antes con respecto a lo que es un negocio.

Solo existió un Steve Jobs, pero todo emprendedor de hoy sueña en secreto con ser el siguiente. Si no solo sueñas con crear una empresa que conquiste al mundo, sino con construirla, y al hacerlo te sorprendes pensando cómo haría Steve Jobs esa presentación o cómo dirigiría el diseño de un producto, tu empresa quizá no llegue a ser tan grande como Apple, pero eres un emprendedor igual que él.

10

Tu idea de un encuentro amigable es pasarte una hora en Twitter

Cuando estés construyendo tu empresa encontrarás que existe un bien imposible de comprar, que nadie te lo va a dar, ni lo obtendrás en ninguna parte: tiempo.

Al igual que tú, incluso Warren Buffett cuenta solo con 24 horas al día. Lo que haces con esas horas es lo que marca la diferencia entre un empresario y un empleado; entre tener éxito y dificultades.

Por tal razón, reunirte con amigos termina siendo muy difícil. Es esencial, por supuesto. Esas horas lejos de la oficina, ocupando la mente en cosas completamente diferentes, son oportunidades vitales para recargar tus baterías y descansar antes de dar otro paso en tus proyectos. Solo que es difícil encontrarlas. A veces, incluso procurar reunirte con un pequeño grupo para compartir un rato suele tomar semanas de organización, en especial cuando todos tienen familias e hijos que necesitan de niñeras, y mucho menos cuando están al frente de una compañía que les demanda exigencias constantes.

De modo que, cuando tienes una vida tan ocupada como la de un emprendedor, es mucho más fácil relajarte pasando algo de tiempo, no con compañías reales, sino con tus amigos virtuales en Twitter. En lugar de ir a algún bar o restaurante, abres una pestaña en el navegador o sacas tu teléfono celular, buscas entre las publicaciones y envías un montón de respuestas a personas que nunca has conocido y que quizá nunca llegues a conocer. Como emprendedor, tal vez terminarás recibiendo más notificaciones de mensajes de desconocidos a los que sigues en Twitter que de los amigos reales en aparecen en tu lista de contactos.

Esto no es nada terrible y muchas veces puede ser de verdadera ayuda. Incluso, podría ser bueno para tu empresa. Twitter tiene mucho que ofrecerles a los empresarios, más allá del acceso inmediato a algo similar a una vida social, junto con la habilidad de comunicarse con personas interesantes sin necesidad de salir de la oficina.

Algunos emprendedores muestran cuánto se identifican con sus clientes. Evgeny Tchebotarev es cofundador de *500px,* una plataforma para que sus colegas fotógrafos muestren sus trabajos e incluso les vendan licencias a empresas para que usen sus imágenes. Pero Evgeny también es un entusiasta de la fotografía y usa su cuenta de Twitter para mostrar sus propias fotos, las cuales se asemejan mucho al tipo de fotos que sus contactos suben a su sitio: muchas imágenes de viajes y bastantes imágenes artísticas de paisajes. Algunas de esas fotos las comparte desde su cuenta de Instagram, pero el resultado en sí es una línea de tiempo que contiene exactamente lo que esperarías ver de un entusiasta de la fotografía.

Evgeny rara vez usa sus redes sociales para comunicarse. No habla con clientes, ni tampoco interactúa con otros emprendedores. En lugar de eso, usa su cuenta por diversión, pero en el proceso se mantiene cercano a ellos. Él muestra que entiende sus necesidades porque las comparte. Si sus fotos son como las de ellos, entonces su empresa les ofrecerá servicios que les van a gustar y que desearán usar y compartir.

Otros emprendedores adoptan diferentes puntos de vistas. Tony Hiseh, de *Zappos,* tiene un equipo de personas que publican tweets en su nombre. Él convirtió su cuenta oficial en un canal promocional que usa para atraer a los clientes más fieles de la compañía y ayudar a darle marca a una empresa que ahora hace parte del imperio de Amazon.

Greg Glassman, fundador y Director Ejecutivo de *Crossfit,* también transmite mensajes a través de su cuenta de Twitter, relacionados en su mayoría con sus opiniones respecto a la salud y el buen estado físico. Algunas de sus perspectivas tienden a ser radicales y controversiales. Al hablar de dietas modernas, él afirma que "la dieta alta en carbohidratos y baja en grasas fue una desnutrición patrocinada por el gobierno, las universidades y la industria, la cual fue causal de enfermedades crónicas. Tu salud fue puesta a la venta".

No tienes que estar de acuerdo con él, pero muchos sí lo estarán y es probable que ellos sean quienes usen los productos de su empresa. Al darles a sus publicaciones en Twitter un carácter fuerte, él les da a sus seguidores razones de peso para mantenerse fieles a su empresa. Pero su línea de tiempo no solo se limita a publicaciones (y retahílas) sobre salud. También le gusta mucho entablar conversaciones y discusiones con sus seguidores. Leer su Twitter es como asistir una conferencia continua sobre salud y buen estado físico.

Eso es genial para aquellos clientes de Greg Glassman a quienes sus tweets y sus conversaciones les resultan interesantes de leer, pero también es muy bueno para el mismo Greg.

Cuando tu empresa te apasiona, y así *debería* ser, siempre quieres estar hablando de ella. Anhelas hablar sobre temas de la industria, sobre lo que estás haciendo y expresar tu frustración por algunas de las locuras que suceden en tu campo. (Cada campo tiene reglas descabelladas, burocracia y maneras tontas de hacer las cosas).

La palabra "tonta" suele ser ofensiva para los demás, sin embargo, para los empresarios, una palabra corta, concisa, rápida, comprensible y directa ahorra mucho tiempo. Aquí, "tonto" encierra cualquier acción que no impulse a la empresa a seguir adelante, como la falta de comunicación, una instrucción poco clara, la incapacidad para mantener a los empleados, políticas ineficaces en el departamento de recursos humanos, etc.

Un emprendedor necesita hablar con alguien sobre ciertos temas propios de su trabajo, pero no puede hacerlo con amigos que no trabajen en su misma industria, porque, por desgracia, no lo entenderán y sonará como si él se estuviera quejando. Claro que le preguntarán cómo va el trabajo, así como le preguntan: *"¿Cómo estás?"*, pero no estarán muy interesados en su respuesta. Sus amigos prefieren hablar de cómo van los Mets en el campeonato y del gran restaurante en el que comieron el fin de semana anterior.

Por fortuna, Twitter es uno de los pocos lugares donde es posible encontrar contactos que comparten tu principal interés: el tema de tu empresa. Quizá nunca los conozcas. Es posible que no sepas cómo son y que ni siquiera sepas dónde están. Pero tienes la opción de conversar con ellos todo el día, intercambiar mensajes y al mismo tiempo sentir una conexión humana y promover tu empresa. A nosotros nos encanta Twitter y lo usamos para compartir nuestros pensamientos y conectarnos con nuestra audiencia, colegas e industria.

Ni siquiera tienes que apartar tiempo durante el día para hacerlo, pero si tienes una hora libre, no te sorprendas de que, como empresario, termines escribiendo mensajes cortos de 280 caracteres en lugar de llamar a un amigo. La mayoría de las personas no siente esta obsesión, pero este es un medio más rápido y menos desordenado para comunicarse e interactuar en medio de los agites de la vida. Además, 280 caracteres no dejan tiempo ni espacio para quejarse.

Es directo, sin rodeos y listo.

11
Prosperas trabajando en grupo

Ningún emprendedor quiere ser empleado. A veces, duele seguir órdenes, pensar en pequeño y trabajar para construir la visión de otra persona.

Pero no todos los que le dan la espalda a un empleo quieren enfrentar la vida como emprendedores. En Estados Unidos, la cantidad de corporaciones tipo C ha disminuido un poco desde 1980, mientras que el número de empresas individuales casi se ha duplicado, pasando de unos 12 millones a un aproximado de 23 millones. Los empleados están cambiando el cubículo de su lugar de trabajo por la habitación que tienen libre en su lugar de vivienda, organizando allí su oficina y buscando sus propios clientes. Se están convirtiendo en trabajadores autónomos que disfrutan de su independencia a la vez que evitan responsabilidades laborales ajenas, así como la extrema carga de tiempo que representa hacer crecer una empresa grande. Ellos, mientras tengan suficiente trabajo satisfactorio que llene sus horarios y expectativas fiancieras, están contentos.

Sin embargo, los emprendedores son diferentes. Una empresa puede comenzar al interior de una habitación extra o en un garaje, pero para un emprendedor ese es solo un comienzo humilde. Ellos necesitan estar rodeados de personas, contar con colegas inteligentes que hagan rebotar sus ideas, escuchar voces que los desafíen, propuestas que los inspiren y logros que compitan con ellos y los lleven a sus límites.

Tampoco son trabajadores autónomos. No se sientan en casa, ni en los cafés de su comunidad, sin compañía, comunicándose solo por correo electrónico y por Skype. Todos los que enmarcan a los expertos de computadoras como inadaptados sociales con pocos amigos y pocas habilidades sociales deben recordar que ninguna de las principales empresas tecnológicas que operan hoy en día ha sido el resultado de un emprendedor que construyó su empresa en solitario. Es probable que Larry Page y Sergei Brin no se agradaran mucho cuando se conocieron, pero, al igual que McCartney y Lennon, se necesitaban el uno al otro y cada uno logró sacar lo mejor del trabajo del otro.

Sin embargo, el grupo no solo le da inspiración a un empresario. Los expertos en empresas suelen decir que las compañías tienen tres tipos de capital: financiero, humano y social.

El capital financiero son los fondos que le permiten a la empresa pagar salarios, traer materias primas, mantener todo en marcha y los servidores en funcionamiento. El capital humano es más difícil de medir, pero más fácil de identificar. Está hecho a base de las destrezas y los talentos del personal que crea la empresa, de su habilidad para escribir códigos, diseñar productos, titulares y mensajes de venta efectivos. Y el capital social son las conexiones y los valores compartidos que permiten que una empresa aproveche la cooperación entre el equipo, los proveedores y los colaboradores. Es un multiplicador de fuerza para el empresario; es el poder invisible que hace la diferencia entre un país y una superpotencia. En una empresa, ese puede ser el capital más importante de todos.

Los beneficios del capital social se sienten y no se ven, pero el mayor beneficio suele ser la habilidad de aumentar otras formas de capital. Los empresarios que pasan tiempo en grupos tienen conexiones amplias y profundas. Conocen a muchas personas y en el tiempo que han pasado con ellas, en lo que han compartido en las conferencias, mediante los ejercicios de formación de equipo y durante los encuentros de trabajo han creado un fuerte vínculo con muchas de ellas. Eso significa que cuando un empresario pregunta si alguien conoce a un programador talentoso o a un magnífico profesional de mercadeo, obtiene respuestas y recomendaciones.

Un capital social fuerte aporta un capital humano más fuerte.

Lo mismo ocurre con el capital financiero. Las empresas que necesitan fondos para ponerse en marcha pueden valerse de amigos y familiares al comienzo, pero en algún momento necesitarán entrar en contacto con financieras e inversionistas. La mejor manera de hacerlo siempre es por medio de presentaciones. Los empresarios necesitan contactarse con expertos que conozcan inversionistas y que puedan darles una recomendación. Como lo dijo *The New York Times* en su relato de 2013 sobre el nacimiento de Twitter: "En Silicon Valley, no hay mejor divisa que el acceso. El acceso a los capitalistas de riesgo puede proporcionar una forma para que empresarios tales como Zuckerberg vean cómo crece una empresa con cientos de miles de usuarios al día. El acceso a la esfera de los blogs y a la prensa puede ayudar a crear un nuevo negocio multimillonario".

El periódico continuó argumentando que la clave de ese acceso es tener una narrativa, "ser un emprendedor con una historia correcta acerca de sus productos y servicios", como la que Jack Dorsey creó en cuanto a su participación en la fundación de la compañía. Pero hay más que eso. La capacidad de construir capital social depende de la forma como los demás te ven. Todo vuelve al proceso de que te conozcan y les agrades. En esta ocasión, el resultado puede ser que no acepten tu idea, pero a la larga, habrá una mayor disposición a ayudarte.

Construir ese capital social no es difícil para un empresario. Parte del mismo se puede planificar. Cuando les ofreces asesoramiento y ayuda a quienes los piden, acumulas un saldo que puedes cobrar en otro momento. En China, esto se llama *"guanxi"* y gran parte de la economía depende de ello. El capital social se construye cuando aceptas ser mentor, cuando te quedas después de las conferencias para escuchar a las personas que acabas de conocer y compartes con ellas. También construyes en línea cuando la gente lee tus publicaciones en el blog e interactúa contigo en las redes sociales. Crece también cuando le ofreces elogios públicos a alguien que ha creado un producto que admiras o cuando te han prestado un servicio que valoras. Un emprendedor sabe que el otro emprendedor necesita saber que lo que ha creado le ha aportado valor a otra persona.

Por sobre todo, esto sucede de forma natural. El capital social nace de la energía que sientes cuando pasas un buen tiempo con tus amigos. Proviene de esa emoción que llena una habitación en una fiesta de cóctel. Está en la risa que rueda por toda la mesa durante una cena con viejos amigos y puedes sentirlo cuando alguien que te agrada pone su mano en tu hombro o te da un abrazo antes de subir a tu auto.

Para los emprendedores, puede ser difícil encontrar tiempo para reunirse con sus amigos. Quizá no se reúnan con grupos de pares y conocidos tantas veces como quisieran, pero cuando están en un grupo es cuando más vivos se sienten, pues cobran energía sostenible de quienes los rodean, lo cual significa que el grupo es una fuerza vital. Esto nos hace recordar que un negocio no se trata solo del resultado final, sino de las personas y el efecto que una buena empresa debe tener en la vida de otros.

12
Eliges tu núcleo de gente con cuidado

Cuando el hecho de encontrarse con amigos les resulta ser tanto difícil como importante, los emprendedores deben elegir el tipo de gente que frecuentan con mucho cuidado. En muchos casos, el único criterio que las personas utilizan a la hora de hacer amistades es que estas compartan su mismo sentido del humor y sus mismos valores. A todos nos gusta estar rodeados de amigos que nos hagan reír y sentirnos cómodos.

¿Y qué pasa cuando conocemos individuos que no son como nosotros? ¿Es usual que los trabajadores de las fábricas entablen amistad de manera fácil con sus gerentes? ¿Ocurre a menudo que los comerciantes inviten a médicos y profesores de leyes a compartir un asado y a conversar mientras beben una cerveza fría? ¿Escogemos tú y yo grupos de amigos de diferentes tipos, con múltiples intereses, trabajos y cosmovisiones?

En general, no lo hacemos. Los sociólogos han hallado consistentemente que las personas similares en términos de ingresos, ideología política y nivel de educación tienden a moverse juntas. Tal vez seamos tolerantes y abiertos con todo el mundo, pero, en la gran mayoría de ocasiones, entablamos amistad con quienes sean como nosotros.

Esta tendencia constituye un verdadero problema para los emprendedores porque ellos van en movimiento ascendente. Trabajan arduamente para aumentar sus ingresos y en el proceso tienden a incrementar su nivel de educación y a cambiar sus ideas políticas. Se van transformando y muchas veces ni siquiera ellos mismos lo notan. El hecho es que, a medida que avanzan, van dejando atrás amigos y conocidos, haciéndoles evidente lo que ellos también podrían llegar a ser si compartieran su mismo camino y su misma determinación para triunfar. Los emprendedores, por mucho que lo deseen, no permanecen estáticos. Eso es imposible para ellos.

Así que sus amigos tienen tres opciones: aceptar las diferencias y concentrarse en las similitudes mutuas (el éxito no cambia por completo a las personas), animando a sus amigos emprendedores a seguir creciendo; sentirse inspirados por su éxito y unirse a ellos en su recorrido; o estirarse para intentar arrastrar hacia abajo a sus amigos de alto vuelo, sintiéndose más a gusto ante su propia falta de movimiento al restringir el vuelo de otros que sí quieran llegar lejos.

Esta última elección se da con demasiada frecuencia. Todo emprendedor lo ha sentido. Todos nos hemos sentado en un bar con un amigo, le hemos presentado nuestro plan y hemos escuchado de su parte miles de razones por las que esa es una idea terrible y por qué, así sea magnífica, nosotros no somos los indicados para hacerla realidad. A esto lo llamo "resistencia al impulso". Es como una tormenta que arremete contra un avión.

Estos son momentos difíciles. Es duro construir una empresa. Es un reto lograr recaudar el dinero, encontrar el personal, desarrollar los productos y atraer clientes. Pero lo más difícil de todo es manejar nuestras propias inseguridades.

Todo emprendedor tiene dudas. Todos tenemos momentos en los que nuestras presentaciones de negocios no son bien recibidas, los productos fallan y los clientes y empleados se alejan dejándonos ante el interrogante de cómo seguir. En esos momentos, hasta los más dedicados podrían empezar a pensar que es mejor decir que lo intentaron, desempolvar sus hojas de vidas y comenzar a buscar una manera más segura de pagar su hipoteca. Y estos oscuros momentos se hacen aún más oscuros cuando los amigos toman sus propios caminos y se van atacándolos en lo personal o criticando sus ideas. La verdad siempre es muy buena, pero los ataques no lo son.

Es por eso que los emprendedores necesitan tener cuidado con respecto a las amistades de las que se rodean y deben estar dispuestos a alejarse de aquellas que los afecten negativamente. Con el tiempo, la gente con la que he mantenido cercanía ha ido evolucionando en su propia vida a medida en que yo también he ido en el mismo proceso, no solo como empresario, sino también como persona, ya que, en general, esa parece ser una progresión natural, pero es especialmente importante si eres un emprendedor, puesto que, ya que debes seguir adelante, no quieres estar rodeado de gente que no tenga la misma pasión, ni la misma ética de trabajo, ni la misma energía que tú.

El hecho es que este es un proceso que debe darse de manera natural. Al comienzo, un mecánico que quiere abrir su propio taller de reparación de automóviles va a querer rodearse de los chicos que le pasaban la llave de tuercas mientras él estaba debajo de los carros. Sin embargo, cuando él empiece a contratar mecánicos, sus viejos amigos comenzarán a mirarlo de la misma manera en que ven a sus jefes. Entonces, o se mueven en su propia dirección abriendo sus propios talleres de reparación o asumiendo cargos de mayor responsabilidad en una pista de carreras o en otras empresas, porque de lo contrario, la relación correrá el riesgo de romperse.

Al mismo tiempo, el propietario del taller empezará a pasar más tiempo con otros propietarios. Los temas que en otro momento no le preocupaban, como los reglamentos de estacionamiento, los índices de criminalidad y los impuestos locales para las empresas, lo harán integrarse a grupos compuestos por otros dueños de negocios. Más adelante, comenzará a ver la necesidad de asistir a reuniones en la cámara de comercio local y a tomar seminarios para mejorar sus técnicas de mercadeo y reclutamiento de personal. Y a medida que conozca más propietarios de negocios, ellos le irán presentando a otros propietarios. Como resultado de todos estos cambios, conforme él vaya dejando de ejercer como mecánico y a pensar más como gerente, su mente se expandirá y su círculo social cambiará.

A su vez, sus viejos conocidos también entrarán en un proceso y así como algunos de ellos tratarán de sentirse mejor intentando derribarlo, otros tratarán de ascender apoyándose en su espalda. Si tú les cuentas que el negocio va muy bien, que estás expandiendo tu oficina y que las ventas van mejor de lo esperado, en poco tiempo, no faltará que alguno te llame para hablar contigo a solas y te pida un préstamo o trate de presentarte una idea y termine sintiéndose ofendido cuando le digas que la ejecute él por su cuenta, pues no estás interesado en asociarte, ni en hacer parte de tan maravilloso proyecto.

O peor aún, te pedirá empleo y tendrás que contratarlo o explicarle por qué, a pesar de tu floreciente negocio, ninguna de sus habilidades es la adecuada para tu empresa.

Ninguna de esas relaciones o conversaciones te hará sentir cómodo, ni muchos de tus viejos amigos te ayudarán a superar las dudas y dificultades que surjan mientras enfrentes la oportunidad de ser un emprendedor, pues solo otros emprendedores estarán en la capacidad de aportarte consejos y soluciones eficaces.

Por todo esto, los empresarios logran mantener en su entorno contactos de su antiguo grupo, pero rara vez los mantienen a todos. Siguen en contacto con quienes de verdad los respetan, los entienden y les desean lo mejor. A todos los demás, hay que dejarlos. No hay de otra.

13

Hay quienes piensan que estás loco

El encabezado lo decía todo: "El billonario loco detrás de GoPro, la compañía de cámaras más atractiva del mundo". Esa fue la forma en que la revista *Forbes* presentó en el año 2013 el perfil de Nick Woodman, quien apenas tenía 37 años de edad cuando se convirtió en el fundador de la firma de cámaras que les permite a los entusiastas de los deportes extremos transmitir sus travesuras:

"Estando ya energizado con Red Bull revuelto con un litro de agua de coco, Nick Woodman recorre la cabina interrumpiendo la conversación; en ocasiones, para darle rienda suelta a su muy emocionado y característico grito, el cual sus amigos comparan con una sirena de niebla: 'YEEEEEEEEEEEEEEOW'. Una azafata aparece con el desayuno en una bandeja de plata y él le dice: ¿Sabes qué es lo mejor de los viajes matutinos para ir a esquiar? ¡McDonald's! Luego, se engulle un McGriddle en tres mordiscos".

Lo que *Forbes* llama una "rutina de hombre-adolescente" no es lo único loco de Nick Woodman. Hace 10 años, tras haber visto cómo su empresa de juegos de azar en internet se hundía durante el desplome de las empresas puntocom, Nick regresó de Australia e Indonesia, después de un viaje de surf que duró cinco meses; traía en mente la semilla de un invento. Su vida normal se detuvo: se encerró en su dormitorio, se puso a su espalda un morral de hidratación CamelBack lleno de Gatorade diluido y trabajó durante 18 horas diarias con un taladro y la máquina de coser de su madre; estaba enfocado en crear el prototipo de una cámara. Ni siquiera tomaba descansos para ir al baño, aprovechando que su dormitorio tenía una puerta corrediza que daba a unos arbustos.

La idea pudo haber sido una locura y la forma en la que él la hizo posible fue todavía más loca. Pero le funcionó. El año anterior a tener su perfil en *Forbes,* GoPro había recaudado más de $500 millones de dólares en ingresos.

A los emprendedores suele considerárseles dementes. Bueno, pues deberían serlo y no solo ante las nuevas tasas de fracasos en las empresas, de las cuales la mayoría de ellos es consciente y aun así muchos lo intentan, sino también porque solo hay dos tipos de ideas de negocios.

Las primeras, son ideas de productos y servicios completamente nuevos. Cuando Apple presentó el iPad nadie sabía si funcionaría. No había nada parecido en el mercado, los pequeños intentos anteriores habían fracasado y no había muchas muestras que indicaran que un iPod Touch de tamaño más grande tendría buena demanda. En ese entonces, era fácil que los críticos dijeran que la idea era ridícula; y si miras hacia atrás en internet, encontrarás muchos artículos con titulares como esta historia del 2009 en *InfoWorld:* "Por qué se rumora que el *i*Tablet de Apple fracasará en gran manera". Podrías haber hecho la tortilla más grande del mundo con todos los huevos que los escritores de tecnología recibieron en sus caras al año siguiente.

Gran cantidad de otros productos, desde piedras mascotas hasta huesos de horquilla plásticos, y sí, las aplicaciones de flatulencias de iPhone (¡de nada!), pudieron haber parecido inventos descabellados cuando fueron lanzados al mercado, pero llegaron a generarles pequeñas fortunas a sus creadores. Escribir mensajes de texto que cualquiera pueda ver suena alocado hasta que te das cuenta de que perdiste media hora leyendo tweets. Que las personas quieran enviarse unas a otras fotos que desaparecen tan pronto como las vean suena a locura hasta que recuerdas cuánto te gusta Snapchat.

Planea hacer algo nuevo, algo original, algo que nadie más haya hecho antes… y la gente siempre te dirá que estás loco y quizá tengan razón. Si nunca nadie ha creado un producto como el que quieres hacer, solo hay dos razones posibles por las cuales esté siendo así: porque es una idea terrible y es evidente a todas luces o porque es una idea genial que solo tú percibes.

Sin embargo, solo sabrás de cuál de las dos se trata hasta cuando pongas tu producto a disposición del público.

Los productos verdaderamente originales son escasos. Pocos salen de la nada. Incluso Facebook tuvo un montón de predecesores como MySpace y el anuario de estudiantes de primer año de Harvard. La mayor parte de las invenciones se basa en mejorar algún artículo o servicio que la gente ya está usando. Los emprendedores suelen buscar alguna debilidad en determinado producto que les encantaría tener y se ocupan de llenar ese nicho o tratan de competir lanzando una versión mejor o más económica que la que ya está en el mercado. El iPad no tuvo por mucho tiempo la exclusividad del mercado de las computadoras tabletas. Y aunque sigue siendo la tableta más avanzada, también es la más cara y otros fabricantes han llenado el mercado de versiones más económicas y de menor calidad tecnológica.

Pero aun cuando tu idea de negocio no sea del todo original, sino una mejora de alguna ya existente, la gente seguirá pensando que estás loco. Que estás demente no porque la idea sea mala, sino porque no ven cómo lograrás competir con empresas mucho más grandes que ya dominan el mercado. "Estás empezando muy atrasado", piensan quienes te oyen y hasta te lo dicen. Claro, esas empresas ya tienen una conexión con sus clientes. En cambio, tú tienes que persuadir a esos mismos clientes para que renuncien a un producto o servicio que ya les gusta para que usen uno que no saben si les gustará.

Tienes que estar loco para hacer algo así.

Hay quienes siempre pensarán que los emprendedores estamos un poco locos. Hay que estarlo para ser los primeros en introducir un nuevo producto al mercado; y también hay que estarlo para ser los segundos, terceros o cuartos en tratar de introducir un producto o servicio novedoso.

Hay que estar loco para dedicarle tantas horas de trabajo a algo incierto sabiendo que existe una probabilidad muy baja de éxito y aun así correr riesgos que muchas veces resultan siendo inevitables.

Sin embargo, los emprendedores no creemos estar locos. Por el contrario, creemos que estamos motivados y tenemos muy claro que no convertir una gran idea en un negocio palpable *sí* terminaría por enloquecernos.

14

Tu compañero de vida te entiende muy bien

Durante mucho tiempo, el tweet en la parte superior del Twitter de Brianna Wu mostró un vídeo del nivel de Super Mario Maker que ella creó para Frank, su esposo. Frank gritaba de gusto mientras hacía saltar a Mario sobre champiñones y luego su frustración era motivo de risa cuando, 15 segundos después del vídeo, Mario chocaba de frente contra una pared que Brianna había hecho con un orificio demasiado pequeño como para que el personaje pudiera saltar y pasarse por ahí.

Es claro que esta pareja no solo tenía el tipo de relación tan cercana que les permitía hacerse bromas en público, sino que también disfrutaba de los mismos intereses. A los dos les gustaba pasar el tiempo practicando juegos de computadora y ambos compartían el mismo sentido del humor.

Sin embargo, no es fácil ser el socio de Brianna Wu. Ella es empresaria, la cofundadora y directora de desarrollo de Giant Spacekat, una empresa de juegos de azar de iOS. Como oradora sobre el tema de las mujeres en la tecnología, también se ha convertido en un pararrayos para los activistas de Gamergate, varones jugadores de computadoras a quienes no les agradan las mujeres en la industria de los videojuegos.

Además de las habituales largas horas de trabajo y las preocupaciones respecto a la estabilidad financiera que enfrentan todos los cónyuges de un empresario, Frank Wu también tiene que apoyar a su esposa en medio de verdaderas amenazas de muerte y ataques de hacking que recibe de sus oponentes. La pareja ha visto sus datos personales y su vida privada puesta a la luz en foros de jugadores y, siguiendo los consejos de la Policía y el FBI, incluso se ha visto obligada a huir de su propia casa.

Si siempre es difícil ser el compañero de vida de un emprendedor, es mucho, mucho más difícil cuando ese emprendedor tiene que luchar contra la difamación en línea mientras que al mismo tiempo construye un negocio. Pero Frank Wu comparte el entusiasmo de su socia por su negocio y por la industria en la que trabaja. Él está registrado como cofundador de la compañía. Los dos suelen dar entrevistas como pareja y, como artista de ciencia ficción galardonado con el Premio Hugo, también comparte con ella el amor por la ciencia ficción y el espacio.

Así es como los empresarios suelen trabajar. Eligen un cónyuge que entienda su negocio y las necesidades del mismo, tan a fondo como entienden su personalidad.

Esas son necesidades muy diferentes. Todos los compañeros de vida se brindan apoyo emocional; viene con el anillo, supongo. También suelen proporcionar apoyo financiero. Incluso cuando era menor la participación de las mujeres en el entorno laboral, no era inusual que las esposas apoyaran a sus maridos durante sus estudios de Medicina o de Leyes hasta que las posiciones se revirtieran y ellos comenzaran su carrera laboral.

Pero, el compañero de vida de un emprendedor debe ir aún más lejos. Cuando un empleado vuelve a casa después de una larga jornada y libera las frustraciones que le genera su lugar de trabajo, a menudo todo se reduce a las políticas de la oficina, a las posibilidades de recibir un ascenso o a una queja sobre un gerente que no lo entiende. Esos son problemas propios de las relaciones interpersonales. Todo el mundo los tiene y cualquiera es capaz de dar consejos sobre cómo hacerles frente. Pero el compañero de vida de un emprendedor tiene que hacer más que escucharlo y darle un espacio para que se desahogue.

El asunto es que los emprendedores también traen a casa problemas muy específicos. Les preocupan las rondas de financiación y los desafíos de desarrollo; enfrentan dificultades con los socios comerciales y luchan contra los proveedores que hacen entregas tardías o no entregan nada. Deben presentar quejas y motivar a esos mismos empleados que ahora estarán en casa, también desahogándose con sus compañeros de vida.

Y dado que están en la cima de la compañía, rara vez discuten de esos temas con alguien en el trabajo. Por eso, cuando vuelven a casa, a menudo tarde, acuden a la persona que mejor conocen, no solo en busca de apoyo, sino también de consejos prácticos. Quieren saber qué oferta de financiación deberían aceptar; qué estrategia de crecimiento es la más efectiva; si deberían despedir a su talentoso director técnico o seguir soportando su resistencia a sus órdenes.

Los emprendedores suelen tomar decisiones difíciles y no siempre cuentan en la oficina con alguien de su entera confianza que sepa aconsejarles.

No todos eligen compañeros de vida que también quieran tener su propia empresa o que incluso trabajen en la misma industria. En general, es más frecuente que ellos elijan compañeros de vida con educación, perspectivas y antecedentes similares. Eso significa que, cuando lleguen a casa y comiencen a hablar sobre alguna asombrosa técnica de crecimiento de la que escucharon hablar ese día, sea muy probable que su pareja sepa con exactitud lo que ellos quieren decir, sienta el mismo entusiasmo con la idea y tenga sugerencias sobre la mejor manera de implementarla.

En mi propia vida, he sido muy afortunado de haber encontrado una compañera que comparte conmigo mi espíritu emprendedor, mi pasión y mi sentido del humor; juntos sabemos cuándo es hora de trabajar y cuándo tomar las cosas un poco menos en serio. Este es un viaje por la vida y ella está plenamente comprometida con seguir el mismo camino para ver a dónde llegaremos juntos y en compañía del más reciente miembro de nuestra familia.

Ya sea que seas un emprendedor o no, procura sacar el máximo provecho de tu vida para encontrar a alguien que tenga esa misma perspectiva. Será difícil y desafiante, pero también divertido y memorable.

Los compañeros de vida de los emprendedores deben prepararse para vivir de una forma muy especial: la empresa será lo primero; el dinero será escaso, al menos al principio; las horas de trabajo serán muchas y el hogar nunca es más que el complemento más cómodo de la oficina. El personal de la oficina llamará en cualquier momento, llegará sin avisar para pedir un poco de ayuda en un proyecto; ya sabes, las horas de trabajo en la oficina son de día o de noche. Pero el compañero de un emprendedor entiende todo eso muy bien y ninguno de ellos tendría éxito sin la comprensión y el apoyo que recibe de su compañero de vida.

PARTE 3

La personalidad

No existe una clase de personalidad emprendedora. Los emprendedores tienen personalidades que van desde los extrovertidos y a la búsqueda de atención a los introvertidos y tímidos; desde los impredecibles y emocionales hasta los agradable y racionales. Cuando existe la posibilidad de usar el término "emprendedor" para describir tanto a alguien tan modesto como Warren Bufett como a un líder tan llamativo como Donald Trump, está claro que la personalidad en sí misma no define la capacidad de construir un negocio.

Los emprendedores tienen rasgos de personalidad. Es posible que no todos tengan todos esos rasgos, pero tendrán muchos de ellos e incluso aquellos que no parecen tener, a menudo estarán ocultos o parcialmente ocultos dentro de ellos y solo saldrán a flote cuando estén en la sala de juntas, convenciendo a un inversor o preguntándose cómo superar a sus competidores y lograr cerrar el trato primero que ellos. El carisma es parte de esos rasgos. Los emprendedores tienen que saber cómo persuadir e inspirar. Deben llevar en su viaje con ellos a sus empleados, lo mismo que a inversores, socios y clientes.

Los emprendedores conocen la diferencia entre obedecer la ley y romper las reglas; entre ser obstinados y ganar una discusión, y entre la obstinación y la flexibilidad. (Además, lo diré, un emprendedor sabe cómo ser obstinado aunque aparente ser flexible). Esta es una buena cualidad, pues hay quienes usan cierto tipo de lenguaje para ser ofensivos y lanzar frases que ponen a los demás en problemas, pero los emprendedores exitosos tiene la habilidad de que, aun en circunstancias como esas, saben obtener la victoria de una manera ganadora. Ese es un rasgo bastante importante para cualquier persona, pero especialmente importante para los emprendedores.

Además, ellos cuentan con un estilo de confianza en sí mismos que (con suerte) los detiene de ser arrogantes y les impide cometer errores fatales. Los emprendedores también son rebeldes y creativos, prácticos; están bien fundamentados. Saben cómo soñar, pero también saben cómo convertir esos sueños en un plan y cómo comunicar ese plan para que los demás estén tan entusiasmados como ellos con respecto a hacer que ese plan sea real.

Los emprendedores son todas estas cosas, además de bien orientados y apasionados. Y fuera de eso, hacen las cosas y las hacen muy bien.

15

Tienes carisma

Si entraras en la pequeña oficina de Warren Buffett en Omaha, Nebraska, encontrarás muchas cosas que te sorprenderían.

El escritorio es viejo, pertenecía a su padre. No verás una computadora sobre el mismo; a pesar de su amistad con Bill Gates, lo único que Buffett sabe hacer con una computadora es jugar Solitario. Tampoco tiene colgados en las paredes sus títulos universitarios de la Universidad de Nebraska en Lincoln, ni de la Escuela de Negocios de Columbia. En lugar de eso, justo al final del pasillo desde donde se encuentra su "Medalla de la Libertad" otorgada por un presidente de los Estados Unidos, hay colgado un marco que contiene el certificado que evidencia que "Warren E. Buffet ha completado con éxito el Curso Dale Carnegie sobre Oratoria Eficaz, Liderazgo, Entrenamiento y el Arte de Ganar Amigos e Influenciar a otros". ¿Te sorprende? ¡A mí me sorprendió!

Buffett, quien terminó el curso en enero de 1952, dice que ese curso le cambió la vida. Le permitió pararse frente a una audiencia, dar charlas y hacer presentaciones. Le ayudó a convertir a la compañía de inversiones más exitosa del mundo en una institución educativa, así como en una empresa rentable;

además, pasó de ser considerado como un inversionista exitoso a convertirse en el "Sabio de Omaha".

Dale Carnegie le dio a Warren Buffett lo que todo empresario exitoso necesita y pocos inversionistas poseen: *carisma*.

Esa es una cualidad que suena mágica. Sin duda, sus efectos parecen mágicos. El público, incluso los escépticos, escucha a las personas carismáticas. Absorbe lo que ellas dicen, le presta atención a la información que recibe de su parte y actúa en consecuencia. Compra o invierte. Habla con sus amigos acerca de la empresa y valoran su relación con el empresario. El carisma es la cualidad que hace la diferencia entre un líder con seguidores y alguien que está dando una caminata solo. Es lo que convierte a alguien que apenas tiene una idea en un emprendedor con un negocio en crecimiento. Algunos son carismáticos por naturaleza. Si alguna vez te ha ocurrido que al estar en una fiesta te has detenido a observar que en una esquina del recinto hay un grupo de pie en el que una persona es el centro de atención, también habrás visto el efecto del carisma natural de esa persona cuando ella se desplaza hacia la otra esquina y aun así el grupo la sigue. Lo hace sin esfuerzo e incluso de forma inconsciente; a veces, el carisma es una cualidad temporal, pero mientras la persona siga siendo carismática, seguirá siendo notoria.

Sin embargo, ese carisma natural es escaso. Es probable que muchos de los más grandes emprendedores del mundo hayan nacido con cierto grado de carisma mientras que a otros les tocó aprender a desarrollarlo, fortalecerlo y conservarlo. Al igual que Warren Buffett, tal vez habrán recurrido a Dale Carnegie. Existen otros entrenadores expertos en enseñarles a encantar a los inversionistas, a asombrar a los clientes e impresionar a los periodistas.

El caso es que, sin importar quién esté enseñando al respecto, los principios para desarrollar y fortalecer el carisma no han cambiado mucho desde los días de Dale Carnegie. No hay ninguna fórmula secreta, ni nada complejo en la capacidad de persuadir a otros para que te escuchen y les agrades. El mismo Carnegie desglosa en seis simples lecciones el arte de lograr agradarles a los demás.

Ya sea en persona o en un emoji, sonreír ayuda. Todo el mundo esperamos que aquellos a quienes conocemos disfruten de nuestra compañía; una amplia sonrisa justo al momento en que conocemos a otra gente la hace sentir a gusto con nosotros y que la nuestra es una buena compañía.

Además, es crucial aprendernos el nombre de la persona cuando la acabamos de conocer. A veces, es un poco difícil, pero Dale Carnegie les recalcaba a sus estudiantes que el nombre de una persona es para ella "el sonido más dulce e importante en cualquier idioma". De nuevo, hay quienes parecen tener recuerdos fotográficos. Recuerdan los nombres de toda la gente que conocen, junto con sus fechas de nacimiento, los nombres de sus mascotas y sus colores favoritos. Pero es sorprendente cuando un líder de negocios que conociste hace años recuerda tu nombre. Aun así, no le atribuyas esa cualidad al carisma natural. Es más probable que esta sea el resultado de una estrategia nemotécnica aprendida que le permite a esa persona relacionar de manera permanente un nombre con una cara. Y si *ella pudo aprender a hacerlo, tú también podrás*.

Las otras cuatro estrategias que Dale Carnegie recomienda se reducen a lo mismo: ser un buen oyente y animar a tu interlocutor a hablar de sí mismo. Sugiérele que hable sobre temas que él encuentre interesantes y procura que, al hablar, sus palabras lo hagan sentir importante. Y además, Carnegie afirma que debes tener genuino interés en lo que él habla.

Eso es lo crucial. Esa es la esencia del carisma que marca la verdadera diferencia.

El carisma nunca se trata de lo que ves en las personas que lo poseen. Más bien es cuestión de cómo se ven reflejados los demás a sí mismos en quienes lo poseen. Cuando tienes tanta curiosidad por las personas como la que tienes por tu empresa, todo lo demás debería darse de forma natural. Tendrás el deseo de hacer preguntas, escuchar respuestas, sonreirás al escucharlas y recordarás el nombre de tu interlocutor por considerar que te está diciendo algo único.

Y lo que aprendas cuando escuches será valioso, porque te dejará ver quién es cada uno y lo que piensa. A su vez, tu atención les recordará a los demás que, en última instancia, los productos y el éxito se basan en las personas y en el efecto que estos tengan sobre ellas. Esto hará que la gente perciba que eres alguien con carisma y un gran emprendedor.

16
Sabes que muchas veces es necesario cambiar las normas

Es difícil leer un libro sobre emprendedores, creación de empresas o administración sin que te digan que mires lo que hizo Steve Jobs y lo hagas así. Sin embargo, Richard Branson no ha tenido menos éxito que Steve Jobs y en una gama más amplia de negocios. En una entrevista realizada en el año 2014 con la revista *Inc.* Branson indicó todas las formas en las que Steve Jobs rompió las reglas de buena gestión que él mismo delineó tiempo atrás.

Jobs microgestionaba y no delegaba, era tosco con quienes lo rodeaban y más propenso a insultar que a motivar. "De alguna manera, funcionó. A veces, mis reglas también están destinadas a romperse", dijo Branson. "Pero, personalmente, creo que su enfoque para la gran mayoría de quienes dirigen empresas no funciona".

El hecho de que Steve Jobs rompiera las reglas no debería sorprender mucho a nadie, así como tampoco debería sorprender que un emprendedor que comenzó con una tienda de discos y terminó siendo dueño de una compañía ferroviaria, una aerolínea e incluso un negocio de turismo espacial pueda hablar de mantenerse en el camino indicado.

Los empresarios rara vez logran algo, a menos que rompan las reglas.

Y antes de poder romper las reglas, debes conocerlas. Debes saber qué han hecho otros líderes, cómo sería la ruta tradicional para llegar del punto A al punto B y cómo seguirla.

Luego, sí puedes cuestionarla. Y es ahí donde la magia comienza a suceder. Es en ese punto donde empiezas a forjar tu propio camino, un camino con pocos competidores, que termine llevándote a donde quieres ir, solo que más rápido y con mayor eficacia que a cualquier otra persona.

Joanne Wilson, una inversora en serie y cofundadora del Festival de Mujeres Emprendedoras, describió en cierta ocasión, a través de su blog de GothamGal.com, una reunión de la junta directiva en una organización sin fines de lucro que ella presidía: "Estábamos hablando de cómo íbamos a emprender un proyecto en particular. Un miembro de la junta, que tenía años de experiencia en el mundo de las entidades sin fines de lucro, manifestó: 'No se puede hacer así porque así no es como se hace en el mundo de las organizaciones sin fines de lucro'. Sobra decirlo, mi respuesta fue que no íbamos a hacerlo como se supone que debíamos hacerlo, sino como pensáramos que deberíamos hacerlo. Al final, nuestra propuesta fue muy exitosa y esa organización de Nueva York ahora funciona a nivel global".

Este relato describe cómo se hacen las normas, pero también cómo se rompen. Quienes han estado en una industria durante mucho tiempo se acostumbran a hacer las cosas de cierta manera. Desarrollan productos que se parecen mucho a los que se han vendido bien en el pasado; luego, los comercializan usando los mismos canales que sus competidores, con mensajes similares y dirigidos a audiencias que otras empresas ya han identificado antes que ellos. En pocas palabras, hacen lo que ven que ha funcionado y asumen que nadie lo hace diferente porque lo diferente no funciona. En otras palabras, si tienen un sistema que ya está funcionando, ¿por qué arriesgarse con uno nuevo que podría fallarles?

Sin embargo, eso no es lo que hicieron los empresarios que iniciaron la compañía Whole Foods Market. Sus fundadores eran los propietarios de dos pequeñas tiendas de alimentos naturales en Austin, Texas y se preguntaban por qué las tiendas de alimentos orgánicos y saludables siempre tenían que ser pequeñas. ¿Por qué no podían ser del tamaño de los supermercados tradicionales? Fue así como se atrevieron a cuestionar esa forma tradicional de hacer las cosas y terminaron encontrando un modo de funcionamiento completamente nuevo y a partir de ese concepto novedoso construyeron su propia clientela.

Cuando Michael Dell fundó su empresa de informática en su dormitorio de la Universidad de Texas, en Austin, no vendía máquinas completas como lo hacían otras tiendas de informática. Él dejaba que los compradores ordenaran las partes que deseaban para así recibir una unidad hecha a su medida. Los gastos generales resultaban más bajos y los clientes estaban más contentos.

Un nuevo empresario que establece un nuevo negocio siempre tendrá que luchar por competir contra rivales más poderosos que hacen lo mismo, a menos que tenga algo novedoso que ofrecer. Si no está preparado para cambiar las reglas, no estará listo para cambiar el *statu quo*.

A menudo, la fuente de esas nuevas ideas son las experiencias traídas de otro lugar.

El conocimiento de Joanne Wilson respecto al mundo comercial dio pie a que ella llevara una nueva visión al sector sin fines de lucro. Pero a veces solo consiste en tener una perspectiva diferente, la disposición de cuestionar y la valentía para correr un riesgo que otros temían correr, como el chef que se pregunta qué pasaría si en su receta usara naranja en lugar de limón; o como en el caso de un trabajador en el campo de las televentas que se da cuenta de que los clientes tienden a ser personas que echan raíces y mejor opta por hacerles presentaciones de ventas a los invitados de las listas de bodas en lugar de usar la lista que su compañía proporcionó. (Michael Dell hizo eso cuando era estudiante de secundaria y ganaba al año más que su maestro).

También ayuda cuando el empresario tiene poco que perder. La creación de PC's Limited, el precursor de Dell Inc., costó apenas $1.000 dólares y Michael Dell tenía escasos 27 años cuando su compañía entró en la lista de *Fortune 500*. Si hubiera fallado, sus pérdidas habrían sido pequeñas y habría tenido mucho tiempo para recuperarse e intentarlo de nuevo.

Junta un espíritu emprendedor con valor y una idea y obtendrás los comienzos de una nueva empresa.

Sin embargo, hay un límite. Las reglas describen cómo operan los negocios. Nadie las escribe; se desarrollan por sí mismas como un camino que mucha gente ha recorrido. Sin embargo, las leyes están escritas para proteger de daños a las personas. Garantizan que todas las empresas compitan en un entorno justo y que los clientes estén en condiciones de comprar con confianza.

Solo los criminales rompen las leyes. En cambio, los emprendedores exitosos detectan oportunidades y rompen las reglas.

17
Conoces tus límites

Antes de que puedas comenzar a construir un negocio, necesitas cierta cantidad de capital. También necesitas una idea, un producto, quizás una página de internet. Se requiere de muchas cosas para crear una empresa, pero hay algo esencial que necesitas más que todo lo demás: conocimiento.

Debes conocer el mercado, saber cómo fabricar el producto, quién podría comprarlo y cómo ponerlo en sus manos.

Pero además, necesitas cierto tipo de conocimiento más que ningún otro: el conocimiento de ti mismo. Esa es la información más importante que requiere todo emprendedor y es esencial para él: saber lo que es capaz de hacer y en qué se destaca. Y también necesita saber cuáles son sus debilidades.

Ese es un conocimiento que no se consigue en ningún libro. Ninguno de los seminarios en internet, ni las conferencias de negocios, ni los productos de información que adquieras tendrán una hoja de ruta que vaya de acuerdo a tu personalidad. Algunas de estas herramientas te explicarán cómo autoevaluarte, pero, aun así, es responsabilidad tuya realizar esa evaluación y comprender los resultados.

Y fuera de eso, de ti depende si actúas con base a esos resultados o no.

Este tiende a ser el mayor desafío al que se enfrenta todo emprendedor. De hecho, es el mayor reto al que se enfrenta *cualquier persona*. Sin embargo, para un emprendedor hay mucho más en juego. Alguien que no se entienda a sí mismo afectará sus relaciones con una palabra cargada de enojo o estará repitiendo patrones de trabajo improductivos consistentes en constantes postergaciones y quejas, como para salir del paso. Emprendedores así pueda que se disculpen, que reparen el daño y recuperen su reputación. Y aunque quizá no alcancen alturas estelares de éxito, aun así se las arreglarán y seguirán adelante.

Lo cierto es que, cuando un emprendedor no se conoce a sí mismo, la empresa se estanca. Su motivación, su impulso y su determinación iniciales le serán suficientes como para sacar la idea del garaje, llevarla a una oficina y ponerla en los estantes, pero en algún momento, sus debilidades bloquearán su progreso. Y cuando tiene que esforzarse demasiado para poder crecer, pronto comienza a encogerse. Los competidores lo adelantan sin dificultad, la frustración remplaza el ímpetu y a medida que los buenos empleados comienzan a irse con empresas exitosas, lo que dejan atrás es una versión mucho más débil de lo que la empresa debería haber sido.

Comprender nuestros límites requiere superar una cantidad de múltiples prejuicios que los sicólogos dicen que todos usamos de manera inconsciente para ordenar nuestro mundo y darle sentido a nuestra existencia. Nosotros dos, como emprendedores, hemos hecho bastante búsqueda espiritual, reflexión y análisis; también buscamos la retroalimentación de otros para entender nuestras limitaciones y luego encontrar cómo cambiarlas.

Por ejemplo, el hecho de tener una retrospección sesgada hace que los eventos que nos sorprendieron cuando se dieron sean predecibles o incluso inevitables. ¿Cuántas veces te has dicho a ti mismo mucho después de un evento que sabías que eso iba a suceder? Es claro que *no* sabías que iba a pasar porque, de haber sido así, habrías hecho algo al respecto. Lo hubieras evitado o habrías tomado medidas para sacar provecho de ello.

Cada vez que digas que *lo sabías,* tómate un segundo para pensar lo que realmente eso significa. *¿Acaso sentiste* algo en esos momentos previos a lo que *debiste* prestarle atención? ¿Fue alguna "intuición" que no seguiste? Medita bien en esto. Como empresario, procura prestarles atención a tus instintos, en especial si suelen ser acertados.

La próxima vez que tengas una idea que *quizá debas considerar,* bueno, tómate unos minutos más y *¡considérala!* No te quites ese pensamiento de la cabeza. Tráelo a la luz y ponlo sobre la mesa, toma una decisión informada. Y si al final tienes razón, confiarás más en ti mismo. Y si te equivocaste, también confiarás más en ti mismo, porque escuchaste tus propios pensamientos y los consideraste.

Sin embargo, el *sesgo retrospectivo* es una técnica valiosa porque hace que el mundo sea más predecible y menos aterrador. Nos hace sentir que tenemos el control. Pero también nos permite simplificar demasiado las situaciones y evita que veamos los orígenes reales de un evento. *Nos impide aprender.* Si el lanzamiento de un producto falla, no basta con encogerse de hombros y decir: "Bueno, eso lo esperaba". Debemos entender *por qué* ocurrió ese fracaso y dónde se produjo para así evitar ese mismo error en el futuro.

El *sesgo de impacto* se relaciona con ese futuro. Falla en predecir cómo nos sentiremos cuando un evento que hemos planeado sí ocurre, porque nunca podemos imaginar todas las complejidades que incluirá dicho suceso. Es posible que sueñes con que tu producto venda millones y te imaginas la alegría que sentirás, pero cuando ese éxito no se produce de repente, como cuando alguien se gana una lotería en un instante, sino que se da poco a poco con las decisiones basadas en datos que gradualmente producen ventas mes tras mes, el impacto puede ser menor del que esperas.

Esto supone un peligro por decepción, incluso en el momento de tu mayor éxito.

Sin embargo, la forma más peligrosa de sesgo para un empresario es *el sesgo de confirmación*. El sicólogo Daniel Kahneman, ganador del Premio Nobel, lo ha descrito como una técnica que permite que el cerebro piense rápido. Es por eso que elegimos prestarles más atención a los argumentos que respaldan la posición que ya hemos tomado en lugar de atender a la evidencia que demuestra que estamos equivocados. Si alguna vez has tenido una discusión política con alguien, habrás visto ese prejuicio en acción. No importa cuánta información saques o cuánta evidencia pongas sobre la mesa, tu interlocutor pasará por alto los hechos y se concentrará en lo que él cree que es verdad.

Hay maneras de evitar todos estos sesgos. Los investigadores han encontrado que una buena forma de superar el sesgo de confirmación es imprimir los argumentos en letra pequeña o en una fuente que sea difícil de leer. El esfuerzo adicional obliga al lector a pensar en lo que está leyendo en lugar de escanear y enfocarse en las partes con las que está de acuerdo.

El reto para los emprendedores no consiste en reconocer que tienen límites. Todos los tenemos. El verdadero reto consiste en reconocerlos, en comprender sus debilidades y superarlas. Hay una manera muy fácil de hacerlo: contratando colaboradores cuyas fortalezas complementen sus falencias.

Todos los emprendedores comienzan con una cierta cantidad de conocimiento. Los que son exitosos llegan a entender dónde se quedan cortos y encuentran a la gente indicada para que, específicamente, llene esos vacíos. Ellos también están en una curva de aprendizaje continuo para llegar a conocer *todo* lo que forma parte de su negocio.

18

Tienes opiniones y no temes expresarlas

Se necesita valor para ser emprendedor. No es el mismo tipo de valor que hace que los bomberos corran hacia edificios en llamas, ni el que impulsa a los marineros a aterrizar en playas desconocidas. Del que se trata es del valor de querer correr riesgos invirtiendo en dinero, tiempo y esfuerzo; es fácil evadirlo argumentando que resulta mucho más cómodo buscar un empleo y recibir instrucciones sobre lo que haya que hacer para desempeñarnos en él. En ese caso, otra persona sería quien está al mando y todo lo que tendríamos que hacer sería completar unas horas requeridas y cobrar el salario acordado. No habría decisiones difíciles por tomar y la mayoría de los años hasta llegar a obtener nuestra jubilación serían tranquilos. Incluso, si perdiéramos ese empleo, y en la actualidad hay poca seguridad laboral, podríamos encontrar otro.

Pero los emprendedores no están hechos para una vida así. *"Sería mucho más fácil buscar empleo y recibir instrucciones"*, como ya lo mencionamos.

Sin embargo, ¡NO! Para un emprendedor *no* es más fácil optar por esa opción, pues, simplemente, no le funciona. A él le gusta correr riesgos; le encanta tomar el control y cuenta con la confianza suficiente para creer que todo le saldrá bien. No le importa lo que piensen los demás, ni puede prestarles atención porque, si lo hiciera, tendría que escuchar a todos los que pretenden decirle que su plan no funcionará y que no tiene por qué, ni para qué intentar empezar una nueva empresa.

En el fondo de todo emprendedor yace una columna vertebral de acero y una inquebrantable certeza de que él tiene cómo lograr lo que se propone. Ahora, a veces las personas con capacidad mental disminuida son las más testarudas del planeta, así que es crucial que sepas a cuál de esos dos tipos de mentalidad perteneces.

Nosotros dos entendemos que somos de voluntad firme y esa cualidad nos ha ayudado como empresarios a persistir ante las barreras que hemos experimentado a lo largo del camino. En lo personal, les he escuchado a otros decir que determinada idea de negocio no va a funcionar y yo les he dicho y demostrado lo contrario. Afirmar que sí funcionaría me impulsó a trabajar con más esfuerzo hasta hacerla realidad.

Tener confianza en sí mismo es un componente esencial en los negocios, aunque suele filtrarse a áreas fuera del contexto laboral. Por ejemplo, préstales atención a algunas de las cosas extrañas que Elon Musk ha dicho y verás que él emite opiniones que van desde lo visionario e inteligente hasta lo loco y peligroso. Llegó a decir que conducir autos se convertiría en un hecho ilegal: "Es demasiado peligroso. Es imposible que una persona conduzca una máquina de dos toneladas". También ha recomendado un hipercircuito como la única opción para viajes muy rápidos y aseguró que si Tesla publicaba patentes, los chinos las usarían como "recetarios"; además, ha sugerido lanzar bombas termonucleares sobre los polos de Marte para calentar el planeta y hacerlo habitable. Bien, Musk hace toda clase de declaraciones impulsivas. La mayoría de los emprendedores también las hacen.

Sin duda, Musk no es alguien que tema correr riesgos, incluso en el campo más arriesgado de los viajes espaciales, ni tampoco teme expresar sus opiniones, no importa cuán descabelladas suenen.

Mientras las empresas de Musk estén creciendo y tengan éxito, esas opiniones extrañas no son un problema. En realidad, pueden ser una ventaja. Estando en California, cuando él comenzó a meditar sobre la construcción de un hipercircuito que transportaría a personas entre Los Ángeles y San Francisco, en poco más de media hora, hubo dos reacciones. Una, fue de gente que pensaba que debía estar loco: costaría una fortuna; no funcionaría; a más de 700 millas por hora las velocidades serían demasiado peligrosas.

La otra reacción fue meditar sobre logros de alguien que logró construir un sistema de pago en línea de miles de millones de dólares; que puso a rodar en la carretera un auto eléctrico rápido, asequible y hermoso; que además estaba enviando cohetes al espacio y trayéndolos de vuelta a la Tierra en plataformas de aterrizaje en medio del mar; y al tener en cuenta todo esto, preguntarse si era viable tomar lo del hipercircuito en serio.

Dado que esas opiniones provienen de alguien que ya ha hecho realidad grandes ideas, sus propuestas son diferentes a las que se cuentan un grupo de amigos en un bar. Cualquiera puede hablar de los beneficios de los autos voladores o de las ventajas de un ascensor espacial en lugar de cohetes, pero si proviene de un emprendedor, esas opiniones tienen más peso, pues no son solo pensamientos expresados en voz alta, sino que podrían ser la primera etapa de un plan con todo el potencial para llegar a alguna parte.

No importa cuán extraña sea tu opinión, si tienes un historial de éxito, habrá quienes querrán desestimarla e incluso burlarse de ella; sin embargo, también habrá otros que empezarán a preguntarse si en realidad puedes hacerla realidad y tomarán en serio lo que digas. (En enero de 2016, Hyperloop Technologies anunció el inicio de la construcción de una pista de pruebas en una instalación de 50 hectáreas en el norte de Las Vegas. La compañía incluso publicó imágenes de los tubos).

El problema es lo que sucede antes de alcanzar ese éxito. Una cosa es que Elon Musk hable de hipercircuitos después de haber logrado construir un auto eléctrico y un cohete reutilizable. Otra cosa muy distinta es que un nuevo emprendedor hable de aviones no tripulados de transporte personal mientras todavía está construyendo su plataforma de impresión en línea o incluso mientras sigue siendo empleado. Empieza a decirle a tus compañeros de trabajo que el producto que tú y ellos están fabricando no es viable debido a tu visión del futuro y a ese comentario agrégale que el director ejecutivo no tiene ni idea de la dirección que la compañía necesita tomar, y verás que es bien probable que no dures demasiado tiempo en ese empleo.

Sin embargo, la falta de éxito no impedirá que un emprendedor comparta su opinión. Solo significa que es menor la cantidad las personas que lo tomarán en serio, al menos hasta que esa plataforma valga miles de millones y esos aviones teledirigidos comiencen a operar rutas de prueba desde los suburbios hasta las zonas céntricas de las ciudades.

Los emprendedores no son personas comunes. Todo el mundo tiene ideas y todo el mundo tiene opiniones, pero la mayoría no *actúa* en función de esas ideas. En cambio, los emprendedores actúan sobre la base de sus ideas y moldean las opiniones que otros más tarde reclamarán como propias. Y no solo están dispuestos a expresar sus planes; también están dispuestos a absorber el ridículo que estos podrían causar cuando ellos los expresen por primera vez y, con todo y eso, corren el riesgo de hacer que sus ideas se hagan realidad.

19

Cambias de opinión con la misma frecuencia que el mundo cambia la suya

En julio de 2015, Steve Huffman, cofundador y nuevo Director Ejecutivo de Reddit, anunció que la empresa cerraría los canales de conversación con las comunidades que se centraran en los que él llamaba temas "reprensibles". "Ni Alexis (Ohanian, otro cofundador de Reddit), ni yo fundamos Reddit para que fuera un bastión de la libertad de expresión, sino más bien un canal donde fuera posible realizar discusiones abiertas y honestas", escribió en la página de anuncios del sitio.

Los usuarios de Reddit no tardaron mucho en encontrar una entrevista con *Forbes* del año 2012, durante la cual Alexis Ohanian describía el sitio como "un bastión de la libertad de expresión en la red mundial".

Eso es vergonzoso. Nunca es cómodo cuando alguien te pone en evidencia y puede demostrarte que estás diciendo exactamente lo contrario a lo que dijiste en el pasado. Pero, para un emprendedor, esa flexibilidad es esencial.

Por lo general, los emprendedores tienen opiniones firmes. Ellos confían en su manera de pensar y cuando deciden tomar acción saben que deben creer de todo corazón en el rumbo que han elegido, o al menos demostrar que lo creen con todas sus fuerzas, pues es innegable que, en determinadas situaciones, todo el mundo tenemos dudas. Todos enfrentamos momentos en los que nos preguntamos si hemos tomado la decisión correcta o si deberíamos haber tomado un camino diferente desde tiempo atrás. Esas dudas son las que preceden a nuestro deseo de hacer ciertas revisiones y es entonces cuando surge en nuestro interior el anhelo de intentar otras alternativas. Pero mientras no estemos seguros por completo de que tomaremos un nuevo rumbo, es crucial que mantengamos oculta nuestra indecisión.

En ese caso, no hay otra alternativa que descubrir si esas dudas son o no ciertas.

Sin embargo, cuando los miembros de un equipo observan que su director ejecutivo lo está pensando dos veces sobre un producto o un plan de mercadeo, invierten sus esfuerzos en menor proporción. Reducen sus horas de trabajo, rinden más despacio y no se toman el tiempo ni la molestia de verificar si hay fallas o errores en sus labores. Después de todo ¿qué sentido tiene poner todo el ánimo en un proyecto si este está a punto de ser cancelado? Nada causa más desmoralización que la sensación de que algo en lo que uno se ha involucrado está a punto de llegar a su fin.

En cuanto a los inversionistas y clientes, ellos también reaccionan de la misma forma. Ningún inversionista está dispuesto a invertir en una compañía a menos que crea que su director ejecutivo está completamente comprometido con el rumbo que la empresa está tomando. Así mismo, ningún cliente compraría un producto que al parecer está a punto de ser descontinuado, con lo cual también desaparecerían el respaldo, las garantías y los repuestos, dándole paso a la sensación de haber comprado algo que no valía la pena tener.

Cuando un emprendedor cambia de dirección, ese cambio siempre se produce de repente. Gira con rapidez y ese giro resulta muy obvio, lo cual asusta en especial a quienes no entienden cómo funcionan los negocios. Debido a que muchas compañías, si es que no son la mayoría, creen que deben ocultar su verdadero funcionamiento, quienes estamos por fuera de ellas solo vemos cuando estas, yendo en una dirección específica, de un momento a otro, toman una completamente distinta, creyendo que nadie lo nota; de hecho, hay quienes ni lo perciben. Sin embargo, cuando Microsoft lanzó Windows 8, siguió afirmando que el sistema operativo no necesitaba menú de inicio hasta cuando anunció una actualización que incluía el retorno a este tipo de menú. En ese momento, el periódico *Financial Times* calificó la medida como "la admisión más prominente de fracaso de un nuevo producto de consumo masivo desde el fiasco de la nueva Coca-Cola".

Esa es una declaración difícil de asumir, en especial cuando la decisión de Microsoft no fue un fracaso en sí, sino un giro audaz y necesario hacia la que se sabía que sería la mejor opción para la compañía. La alternativa habría sido continuar con un diseño y una funcionalidad que, a todas luces, no eran del agrado de sus clientes. Microsoft debió haber sido aclamada por haber usado deducciones "brillantes" para descifrar lo que su audiencia quería, necesitaba y pedía. La empresa veía con claridad que eran menos los clientes que estaban actualizando sus programas y que cada vez más, muchos habrían recurrido a alternativas como Macs y Chromebooks, caso en el cual Microsoft hubiera perdido una gran cuota de mercado e ingresos y habría sufrido un duro golpe con su producto más importante.

Esa es la diferencia entre los emprendedores y la demás gente. Microsoft estaba actuando como un emprendedor.

El escenario habitual en la vida es que les presentas a otros las evidencias que demuestren que están errados en sus opiniones y, aun así, lo que ellos hacen es encogerse de hombros. Todos lo hacemos. Es parte del sesgo de confirmación. Ignoramos los hechos que nos demuestran que vamos por el camino equivocado y nos aferramos ante cualquier evidencia mínima que demuestre que estamos en lo cierto.

En la mayoría de los casos, esa actitud no importa. Si tu opinión sobre el calentamiento global o las leyes de armas es errónea, esto solo afectará un voto, el tuyo. Pero en realidad, no va a afectar al país entero, pues hay muchas otras opiniones que contrarrestarán la tuya. Puesto que estar equivocado no tiene consecuencias reales, pero admitir que te *equivocaste* sí conlleva muchas consecuencias *personales,* los no emprendedores pueden *permanecer* felizmente equivocados.

Pero *sí hay* consecuencias cuando empiezan a acumularse pruebas que indican que la opinión de un emprendedor respecto al mercadeo de un producto era equivocada. Y si él se aferra a su idea, se sostiene en su posición o permanece en un estado de choque, toda la empresa podría colapsar. Sin duda, se seguirá perdiendo dinero. Por lo tanto, independientemente de la confianza con la que alguna vez hayan hablado sobre sus planes y productos, los emprendedores tienen que saber cambiar de dirección y, de hecho, deben aprender a cambiar de opinión cuando sus clientes se lo soliciten. Cuando los hechos cambian, su opinión tiene que cambiar también; al menos, en la medida en que esas opiniones afecten el negocio. En el campo empresarial, estar equivocado tiene un alto precio.

Los cambios ocurren todo el tiempo; deben ocurrir. Ninguna empresa crece sin hacer pruebas. Ningún producto llega al mercado en la versión que apareció por primera vez en la mente de su inventor. De hecho, a menudo hay muy poca relación entre su versión inicial y el producto que termina saliendo de la línea de producción, y menos aún con relación a las versiones posteriores.

Cuando Steve Huffman anunció que la libertad de expresión en Reddit tenía sus límites estaba haciendo todo lo posible para salvar una plataforma que se había convertido en sinónimo de acoso y misoginia. Él y sus compañeros cofundadores estaban convencidos de que, si permitían que la gente dijera lo que quisiera, *la decencia común* les impediría decir cosas censurables. Demostrar que no estaba equivocado no era cosa fácil, pero ver morir a Reddit habría sido aún más difícil.

En conclusión, los empresarios pueden tener opiniones fuertes, pero también tienen la fuerza suficiente como para cambiarlas.

20

Crees en ti mismo

Imagina que el gerente de tu lugar de trabajo te llama a su oficina y te informa que a partir de ese momento vas a tener que trabajar más horas, quizás hasta mediodía, incluyendo los fines de semana y que, fuera de eso, te va a reducir el sueldo. Además, no sabe decirte en qué cantidad ni por cuánto tiempo, pero es posible que no recibas ningún pago por varios meses. También vas a tener que pagar por el escritorio, la silla, la computadora que usas e incluso por el café que tomas. Por otra parte, es probable, muy poco probable, que puedas ganar mucho dinero dentro de un par de años.

Ante ese panorama, es muy posible que desempolves tu hoja de vida y comiences a buscar un lugar de trabajo donde recibas un mejor trato.

Este escenario es justo el que los emprendedores se plantean en su mente, lo viven y se forjan un camino hacia sus metas cuando renuncian a su empleo y comienzan su propia empresa. Ellos hacen este cambio y viven bajo esas condiciones porque quieren su independencia; también lo hacen porque creen que sus sacrificios a corto plazo tendrán su recompensa a largo plazo; confían en que más o menos en un par de años tendrán mucho dinero, el suficiente como para superar los ahorros que invirtieron al comienzo, pues han visto cómo otros lo hacen y triunfan; por eso sienten que también ellos lo va a lograr.

Los emprendedores saben que la mayoría de las empresas pequeñas fracasa, como ya lo hemos dicho. Ellos saben que tienen pocas probabilidades de éxito, pero también creen en sí mismos lo suficiente como para estar seguros de que serán la excepción. Confían en que estarán entre aquellos pocos que alcanzan la posibilidad de tener éxito.

Esa seguridad es la que hace que ellos sean optimistas por naturaleza. En una encuesta entre 3.000 emprendedores que hace poco pasaron a ser propietarios de empresas, el 81% de los encuestados creía que sus probabilidades de éxito eran del 70% o superiores. Incluso, una tercera parte creía que tenía el 100% de probabilidad de éxito. El optimismo es una característica común entre emprendedores y se ve reflejada encuesta tras encuesta. En un artículo, los investigadores encontraron que solo el 5% de los emprendedores subestima el curso del desarrollo de su nueva empresa. Más del 50% la sobrestima. De hecho, por lo general, el 70% de las nuevas empresas fracasa en un lapso de cuatro años. Ellos conocen estas estadísticas y aun así deciden seguir adelante; esa también es la razón por la cual hay tantas empresas nuevas y muy buenas. Esa es la parte que ellos como empresarios ven. La nueva empresa, el nuevo éxito, la nueva vida; y ellos saben que pueden lograrlo.

Sin embargo, el optimismo no es el mismo en todas las personas. Los empresarios que están trayendo a la vida una idea totalmente nueva o que le están dando inicio a su propio negocio tienden a ser más optimistas que quienes entran a hacer parte de un mercado ya saturado o que están tomando el control de una firma ya existente.

Los emprendedores con menos experiencia tienden a ser menos optimistas que los que tienen más experiencia. Y los hombres suelen ser más optimistas que las mujeres, lo cual es otra forma de decir que los hombres son más inclinados a so-brestimar sus habilidades.

Por otra parte, la confianza es esencial para cualquier em-prendedor, pero el exceso de esta puede ser peligroso. Un expe-rimento realizado en el año 2006 encontró que el optimismo irrealista hace que los emprendedores se comporten de formas que afectan sus propios mejores intereses, tanto a nivel profe-sional como personal, pues esa confianza y optimismo pueden hacen que un emprendedor poco realista siga tratando, invir-tiendo y haciendo sacrificios mucho después de que se ha he-cho evidente que su emprendimiento está fracasando. Lo que los sicólogos llaman "sesgo cognitivo optimista" puede hacer que los emprendedores sobrestimen la demanda y la competen-cia y no vean la necesidad de tener activos complementarios.

El optimismo y el exceso de confianza son las dos causas más reportadas cuando se trata de detectar a qué se deben las altas tasas de fracaso en las nuevas empresas. En un estudio rea-lizado, la mitad de los inventores con ideas descritas como de "muy baja calidad" siguieron haciendo toda clase de esfuerzos aun cuando, después de recibir asesorías pagas, sus asesores les aconsejaron que no prosiguieran. Esta es una pista que los em-prendedores deben tratar de tomar en serio: las asesorías pagas. Todo emprendedor necesitará consejo de alguien experto en el campo al que está entrando. Así él mismo sea un experto, las opiniones externas de alguien confiable son esenciales.

Por lo general, las asesorías externas deben ser pagas y sin sesgos; no pueden ser las de tu madre, tus amigos o la de tus compañeros de habitación. Esto no quiere decir que un "ex-perto" no se puede equivocar. Puede pasar. A veces, tienes que hacer lo que tienes que hacer e ignorar lo que los demás digan. Sin embargo, si un verdadero experto cuestiona la idea de tu producto o servicio en sí, debes prestar mucha atención y darle más peso a tus consideraciones y pruebas.

Cuando los emprendedores creen en sus propias habilidades, su optimismo puede convertirse en una profecía que se cumple. Algunas investigaciones han demostrado que los emprendedores optimistas se desempeñan mejor y de manera más competitiva en muchas circunstancias. El optimismo es la fuerza que les ayuda a impulsarse hacia el éxito, a superar los fracasos y a concentrarse en las soluciones y las posibilidades y no en las adversidades y los problemas. Es lo que les permite terminar el trabajo y conseguir sus fines en menos tiempo.

Y otra cosa: los emprendedores sí pueden tener la razón. Un estudio en Suecia analizó los datos de una encuesta recolectados entre 1996 y 2009; en ella se les preguntaba a los ciudadanos suecos si pensaban que la economía *había* mejorado durante los últimos doce meses y si creían que *iba* a mejorar durante los próximos doce.

No fue sorpresa que los emprendedores se mostraran más optimistas en cuanto al estado de la economía que otros encuestados; también fueron más acertados que los demás; sus predicciones en cuanto al curso futuro de la economía tendieron a coincidir más de cerca con los hechos reales. Los investigadores llegaron a afirmar que, si bien los emprendedores suelen ser descritos como personas demasiado optimistas, con mucha fe en sus propias capacidades y que no están dispuestas a enfrentar los hechos respecto a las probabilidades de éxito, el promedio de los asalariados tiende a tener perspectivas muy poco optimistas.

"Los emprendedores cometen menos errores de pronóstico que los no emprendedores", concluyó el estudio. "Ven un futuro brillante y, de hecho, están en lo cierto. Por tal razón, nuestra evidencia desafía el predominante argumento de que los emprendedores son irracionales en cuanto a la manera en que conciben el futuro. Sin embargo, los más irracionales son los no emprendedores, porque tienen perspectivas demasiado pesimistas".

Todo emprendedor comienza una nueva empresa siendo consciente de que puede fracasar, pero también creyendo que tienen las habilidades, la determinación y la personalidad para triunfar. En efecto, algunos no acertarán alguna vez, pero todos tienen esa fe en sí mismos y tienen razón al mantenerla, pues significa que, aunque fallen una vez, no necesariamente van a fallar la próxima. El impulso y el esfuerzo adicional, junto con su fe en sí mismos, son cualidades que diferencian a los emprendedores del resto de la población. Un emprendedor sabe cómo levantarse, sacudirse el polvo y seguir corriendo. Él no se queda tendido en el suelo. Hacerlo sería darle mucho tiempo a la autocompasión. El verdadero emprendedor tiene poca paciencia para adoptar este tipo de actitudes y no las tolera en sí mismo, ni en quienes lo rodean.

21
Tu pasión es contagiosa

Dave Nevogt tuvo una idea. Era febrero de 2012 y este emprendedor pensó que podría haber un mercado para software de seguimiento de tiempos que les sirviera a las compañías para gestionar su personal remoto. Él sabía que por sí solo no podía crearlo. Su experiencia era en mercadeo y gerencia; no sabía nada de Ruby On Rails, ni de desarrollar programas en computadora. Pero no solo quería contratar a un magnífico experto en el tema. También quería un socio, un cofundador que asumiera junto con él la responsabilidad de construir una nueva empresa y que juntos compartieran la carga. "No me sentía cómodo manejando ciertos conceptos, por eso salí a buscar un cofundador", escribió Nevogt en una entrada de blog en Hubspot, la compañía que crearía.

A menudo, los cofundadores son viejos amigos; excompañeros de trabajo que sueñan juntos con una idea; compañeros de universidad que comienzan a idear cosas después de clases y encuentran que terminaron desarrollando un proyecto con todo el sentido del mundo.

Sin embargo, esto no siempre sucede. A veces, los cofundadores tienen una idea, pero no conocen a nadie calificado que les ayude a desarrollarla. Y cuando eso sucede, deben persuadirlo para que se una a ellos. No es solo cuestión de ofrecerle un mejor salario, sino de encontrar en ese experto la habilidad para compartir esa visión y contagiar a otros con la misma pasión que él sienta para que lo acompañen por la senda que la empresa quiere seguir.

En su entrada de blog, Nevogt explica cómo fue su proceso de hacer seguimiento y reclutar, no a un miembro que haga parte del personal, sino a otro soñador que también quisiera ser cofundador y que trabajara en conjunto para desarrollar una nueva empresa desde ceros.

Así que comenzó mirando en LinkedIn perfiles de desarrolladores que estuvieran localizados en su área y que cumplieran con cuatro criterios:

◈ Que pudieran mostrar que habían terminado un producto.

◈ Que tuvieran mentalidad de negociantes.

◈ Que tuvieran experiencia en administración.

◈ Que estuvieran en su área.

Esos no son todos los criterios que un emprendedor busca en un empleado; quizá no sean los tuyos, pero busca un momento para identificar cuáles serían esas cualidades que deberías tener en tu nueva empresa y que complementarían tus fortalezas. Los desarrolladores de código contratados no deben tener una mentalidad de negocios; solo deben mantener la concentración y ser hábiles en lo que hacen. Pero un cofundador debe tomar decisiones ejecutivas, así como escribir códigos y liderar a un equipo de desarrollo.

Nevogt les escribió a unos pocos candidatos que encontró en LinkedIn, explicándoles que estaba buscando un buen desarrollador. Les compartió el enlace al sitio de internet de la compañía y les sugirió acordar una hora para llamar. Jared Brown, quien luego llegó a ser Director Técnico Principal de la compañía y cofundador, tardó doce días en responder y, cuando por fin lo hizo, aclaró que solo estaba interesado en "oportunidades entretenidas y con un contrato para trabajar a control remoto".

Sin embargo, a Nevogt no lo desanimó la tardanza en el tiempo de respuesta, ni la respuesta misma. De hecho, al parecer, eso fue lo que lo animó. "Quieres que tu socio potencial haga preguntas y considere todo. Las personas inteligentes necesitan que las convenzan de hacer algo, en especial los desarrolladores. No es fácil crear un producto nuevo desde ceros y quienquiera que llegue a bordo debería saber en qué se está metiendo en términos de trabajo y compromiso", afirmó.

Fue esa la razón por la que tuvieron una conversación telefónica y se encontraron para cenar. Decidieron crear listas de responsabilidad y Nevogt convenció a Brown con dos argumentos: datos y experiencia. Le mostró datos que revelaban que había un mercado para el producto que estaban creando y le mostró evidencias con respecto al costo de adquisición de clientes. Nevogt se preparó para mostrarle que había creado un producto genérico similar en el pasado y también compañías que generaban $1 millón de dólares en ingresos. Por último, le ofreció a Brown una participación de 50-50. "Sabía que ese porcentaje sería motivador porque sería tanto su empresa como la mía", explicó.

Todos esos fueron factores importantes y habrían ayudado a persuadir a Brown de que él estaba buscando una oportunidad y no otro cliente freelance. Pero todos vemos o pensamos en muchas oportunidades a diario. Lo que hace la diferencia entre las oportunidades que aceptamos y las que rechazamos es la pasión que sentimos por ellas. Eso fue lo que Nevogt le transmitió a Brown cuando hablaron por teléfono y se reunieron para cenar.

Todo emprendedor tiene también esa habilidad para crear sociedades a punta de carisma y motivación. Cuando un emprendedor cree en su idea, tiene la habilidad de esparcir esa fe. Las personas con las que él habla terminan compartiendo su visión, y cuando creen en la habilidad de ese emprendedor que tienen frente a sí para crear esa visión, también terminan compartiendo su pasión. No hay nada más emocionante que el sentimiento que se tiene cuando estás construyendo algo nuevo y crees, *sabes,* que va a ser grande.

Cuando un emprendedor habla con pasión sobre su plan, no solo su audiencia lo ve. También él siente esa pasión y puede visualizar cuál es su parte en el desarrollo del mismo. Así, quienes lo oyen *quieren* participar.

Los emprendedores son sociables y atraen a quienes los rodean porque ofrecen una oportunidad para que otros sean parte de algo grande. La pasión puede ser contagiosa y un buen emprendedor con una gran idea contagia a quienes lo oigan dondequiera que él vaya.

22

Piensas que la respuesta adecuada a una orden es una pregunta

Recorre un vecindario y podrás decir con facilidad cuáles casas están ocupadas por sus propietarios y cuáles son rentadas.

Las casas habitadas por sus propietarios lucen jardines bien cuidados. Por lo general, hay sembrados algunos árboles y plantas; sus alrededores se ven bien organizados; no hay grietas en las paredes y la acera al final de la entrada al garaje está limpia y barrida; no hay basura contaminando el sitio, pues los propietarios cuidan de su propiedad y la conservan en buen estado. Cuando ven un problema, no dejan que empeore, porque saben que es su responsabilidad resolverlo. Y cuando un daño aumenta, también aumenta la cuenta, la cual siempre recaerá única y exclusivamente sobre ellos.

Quienes rentan no están supuestos a pagar las cuentas de las reparaciones que amerite el lugar, ni pierden dinero si la propiedad se deprecia, así que rara vez toman iniciativa, si es que alguna vez la toman. Si un arrendatario ve que las paredes se están agrietando a su alrededor, ignora el hecho; si una tubería tiene una fuga, quizá llame al propietario, a menos que él crea que puede vivir con la gotera, en cuyo caso le alegrará no tener que tomar el teléfono. Es así como los pequeños daños se hacen más grandes, su alcance crece y, cuando por fin el arrendatario se muda a otro lugar, el costo de las reparaciones es mayor de lo que habría sido si hubiese llamado al dueño ante la primera muestra de problemas, o si el plomero hubiese arreglado la fuga después de la primera gota.

Los emprendedores suelen identificar a sus empleados de la misma manera. Ellos saben que los que tienen mentalidad de arrendatarios sienten que la compañía no les pertenece, así que no les importa si el producto es de mala calidad o si el servicio que les prestan a los clientes es más insultante que de ayuda. Cuando detectan un problema, quizá se lo comuniquen a su gerente o lo dejen en manos de terceros para que ellos lo solucionen, pero lo más probable es que lo ignoren. Su trabajo es mantener los estantes surtidos o atender al teléfono; nadie les dijo nada acerca de recoger los productos caídos, ni de responderles preguntas a los clientes. Su actitud ante alguna falla en un producto es: "Ese no es mi problema". A menudo, al trabajar como consultor de alguna empresa, me asombro cuando comunico un verdadero peligro potencial para la compañía y los empleados apenas se encogen de hombros como si me preguntaran: "¿Por qué me estás diciendo esto a mí?" En ese momento, me doy cuenta de que ellos tienen mentalidad de arrendatarios y no les importa la empresa para la que trabajan.

En cambio, así un empleado que piensa y siente como propietario así no lo sea, se comporta como si lo fuera. Cuando ve un problema, no solo alerta al gerente, sino que le ofrece un plan para resolverlo y si es posible, lo arregla por su cuenta o llama a alguien para que lo haga. Y si un cliente se queja, él no solo les pasa esa queja a las personas encargadas de resolverlo sino que les hace seguimiento y se asegura de que el inconveniente se resuelva y luego se contacta con el cliente para asegurarse de que esté satisfecho.

Sin embargo, la mayor diferencia entre los empleados con mentalidad de arrendatarios o de propietarios dentro de una empresa está cuando ellos reciben instrucciones. Los que piensan como arrendatarios no se rebelan. Ellos hacen lo que les dicen, *al pie de la letra,* nada más. Si les piden que limpien el almacén o que escriban un guion, limpiarán el almacén o escribirán el guion. Luego, se detendrán y esperarán a que les digan qué más hacer. No se preguntarán por qué es necesario limpiar el almacén o para qué es el guion. Además, si ven que la instrucción no fue muy clara o que no tomó en cuenta un problema que el gerente no había considerado, no se molestan en buscar una solución, ya que se no es su trabajo.

Por el contrario, un empleado con mentalidad de propietario sí ve el panorama completo. Mientras limpia el almacén, él se asegura de dejar espacio para lo que deberá entrar a la bodega después. También deja un registro de dónde ha puesto las cosas en el almacén para que todos puedan encontrar los suministros. Cuando termina su trabajo, busca algo más para organizar sin esperar a que le digan. El que es codificador no solo escribe el código, también lo prueba y piensa en los diferentes entornos en los que se podría usar, asegurándose de que pueda ser ejecutado en cualquier parte. Él piensa como el propietario de la compañía, anticipando problemas y tratando de resolverlos antes de que surjan.

Sin embargo, un emprendedor no es ni un empleado propietario, ni un empleado arrendatario. Un emprendedor no es para nada ningún tipo de empleado. Cuando trabaja para una compañía y vislumbra un problema, lo resuelve porque es necesario hacerlo, pero eso nunca es suficiente para él, porque él también quiere saber por qué surgió, cómo se presentó, cuándo se percibió por primera vez, quién lo notó, si otras compañías tienen el mismo problema y si alguien les está ofreciendo ayuda para resolverlo.

Cuando un cliente presenta una queja, un buen emprendedor se ocupa de resolvérsela y luego vuelve a contactarlo para asegurarse de que todo esté bien; además, se pregunta qué haría que ese cliente cambiara de empresa y entonces hace un conteo rápido de otros clientes los cuales también estarían dispuestos a dejarla y conformar la base para una nueva.

Si recibe una instrucción, él entiende lo que la compañía está tratando de hacer, pero en lugar de conformarse y ejecutarla de tal forma que permita que el proyecto avance, se pregunta si este va en la dirección correcta, hace preguntas y no acepta respuestas que no sean satisfactorias e indica una mejor manera de alcanzar la meta demostrando que, de hacerlo así, el resultado será superior.

Esta actitud tiende a ser un poco irritante para algunos gerentes y propietarios de empresas. Y en lugar de apreciar el valor implícito en la mente y el esfuerzo excepcionales de esta clase de emprendedores, los perciben como si criticaran su empresa en lugar de ayudarla. Algunos gerentes incluso se ofenden con sus esfuerzos.

He visto emprendedores trabajar en las empresas de otros y es muy desalentador verlos. Tienen un gran deseo de hacer una diferencia en beneficio de la compañía y quieren ayudar a que esta crezca. Y a pesar de sus buenas intenciones, los gerentes y propietarios que no pueden ver ni entender este anhelo, pierden una gran oportunidad de que ellos les ayuden a ensanchar la compañía de una manera significativa.

A propósito, lo que me ha parecido muy cómico es la cantidad de dinero que los gerentes y los propietarios pierden en términos de mano de obra gratuita. El corazón del emprendedor está dispuesto a trabajar horas extras en beneficio de una buena causa, así no sea su propia causa. Y son así hasta cuando se dan cuenta de que son menospreciados (y por lo general, no solo menospreciados, sino reprendidos y "ajustados" en lo que están haciendo) y aprenden la lección.

Por tal razón, la actitud de un emprendedor en la empresa de otra persona en realidad no es tan limitada como la de un empleado con actitud de arrendatario. Sin embargo, tampoco es tan útil, ni cooperativa como el trabajo de un empleado con perfil de propietario. Y ese es el tipo de actitud que suele conducir a más llamadas a la oficina y finalmente al despido.

Los emprendedores no toman demasiado bien las instrucciones, sin importar de quién vengan; ellos dan instrucciones y buscan que los empleados con mentalidad en grande las hagan realidad. Mientras no tengan sus propias empresas, ellos siempre serán el punto de fricción en su lugar de trabajo y al mismo tiempo una fuente de excelentes ideas para el ejecutivo intuitivo que sepa tomar y usar esas ayudas y sugerencias de la manera más provechosa posible.

23

Solo sientes seguridad laboral cuando tú eres el jefe

Durante la última recesión, las compañías estadounidenses despidieron a 8.7 millones de empleados. Los cargos iban desde banqueros en Wall Street hasta ensambladores de autos en Detroit. Algunos trabajaban asando hamburguesas, vendiendo bienes raíces, diseñando páginas de internet, escribiendo códigos de sistemas, como asistentes de dentistas; otros hacían valoraciones actuariales o cualquier otro trabajo disponible en cada una de las ciudades de los Estados Unidos.

Probablemente, para algunos ese era su primer empleo. Habían comenzado sus trabajos con la expectativa de quedarse allí por años, recibiendo un salario constante y disfrutando de ingresos estables. Otros ya habrían estado una cantidad considerable de tiempo en la compañía. Quizá pensaron que podían ascender de rango, aumentar sus salarios y esperar una feliz jubilación. Pero es muy probable que les haya sorprendido enterarse de que debían desempolvar sus hojas de vida y volver a empezar. Tal vez hayan creído en ese momento que nunca más iban a encontrar empleo.

De hecho, así los trabajadores que recibieron sus liquidaciones durante la última recesión apenas hubieran iniciado en su cargo o hubiesen estado en la oficina de la esquina por años, pocos debieron haber esperado seguir con la misma compañía por mucho tiempo. En el año 2004, la permanencia promedio en cualquier empleo era de tan solo 4.6 años, una cifra que no había cambiado desde la anterior encuesta de la Oficina de Empleo de los Estados Unidos, dos años antes. Incluso en cargos de gerencia, el promedio es de tan solo 5.7 años y aunque la permanencia promedio de empleados entre los 55 y los 64 años es de 10.4 años, los empleados en edades entre 25 y 34 pueden esperar seguir con la misma compañía tan solo tres años.

Algunos de los cambios de empleo pueden ser voluntarios. A los jóvenes, en especial a los *milenios,* no les molesta mucho estar cambiando. Si ellos ven una oportunidad en otra empresa, que supere en cualquier aspecto a su empleador actual, con gusto cambiarán de barco. Pero gran parte de la inseguridad laboral que los empleados enfrentan es involuntaria. Los retiran, son despedidos, sus cargos son eliminados o remplazados por trabajadores más económicos en países lejanos.

Las razones por las cuales la gente pierde su cargo varían mucho. A veces, es el resultado de comportamientos que la compañía no acepta. Si no llegas a tiempo con frecuencia, y, sin importar la cantidad de horas que trabajes o lo productivo que seas durante tus horas de trabajo en el escritorio, bien puedes esperar que te llamen a la oficina del gerente.

Ten un mal roce con un compañero de trabajo y él podrá decirles a los demás que es difícil trabajar contigo y que deberían reemplazarte. Comunica en redes sociales una decisión laboral que te parezca equivocada y te dirán que si no logras adaptarte al programa, puedes irte. Ignora una instrucción que a tu parecer es una pérdida de tiempo y te encontrarás dedicándole más tiempo a la búsqueda de otro empleo. El punto es que, en la empresa de otra persona, debes hacer el trabajo de la manera que te dijeron que debías hacerlo.

En un empleo que tuve, el gerente me dijo que había llegado tarde. No sé cómo supo que yo había llegado tarde o no, porque él nunca estaba ahí y había tomado libres casi la totalidad de los últimos cuatro meses. De los 50 empleados en la oficina, yo era el único que llegaba cerca de la hora de apertura y todos trabajábamos muchas, muchas horas extras sin pago porque éramos asalariados y queríamos ayudarnos unos a otros a triunfar.

Quizá la razón más común por la cual los empleados son despedidos es porque el gerente considera que han tenido un mal desempeño. Eso puede suceder, e incluso les puede suceder a los emprendedores. Hay algunos cuya posición natural es tomar decisiones y delegar trabajo en lugar de aceptar instrucciones y realizar tareas pequeñas, por lo cual resultan siendo malos empleados. Cuando alguien ha sido contratado para solo hacer más códigos de prueba o responder llamadas, el gerente tomará sus preguntas y opiniones como obstáculos que se interponen en el camino de una firma que opera sin inconvenientes.

En la actualidad, no existe un empleo seguro. Todos los empleos son inseguros y ninguna trayectoria profesional de hoy comienza con un cargo de aprendiz después de terminar la escuela, ni continúa con aumentos de salario hasta llegar a una cómoda jubilación. Esas épocas ya quedaron en el pasado hace mucho tiempo, si es que alguna vez existieron.

Los emprendedores entienden esta realidad mejor que cualquier otra persona. La perciben más. Saben que mientras tengan un jefe no tienen el control total sobre sus propias vidas. Un error puede llevar a que otra persona tome una decisión sobre la que ellos no tienen injerencia y esto cambiaría su forma de vida en un instante. Como empleado, nunca se está a más de una llamada telefónica de distancia para perder los ingresos, cambiar de compañeros y de trabajo.

Eso no quiere decir que ser emprendedor te dará seguridad. No es así. Te dará *menos* seguridad, ya que durante los primeros meses de la empresa, tendrás que batallar por encontrar su nicho y sus clientes. Cada día de supervivencia lo sentirás como una victoria. Cada ingreso será como un milagro. Cada cliente perdido parecerá un desastre.

Incluso si tu compañía sobrevive y prospera, cuando llega el momento de que exista una junta directiva, el cargo de fundador pasa a ser tan seguro como el de cualquier empleado. En un mundo donde Steve Jobs puede recibir su liquidación, todo director ejecutivo entiende que siempre debe complacer a otras personas.

La diferencia está en el control. Los emprendedores no son despedidos de repente. Un pequeño error o incluso una serie de pequeños errores rara vez son suficientes como para su despido. Mientras la compañía esté creciendo y las utilidades aumenten, la posición del emprendedor será segura y podrá tomar las decisiones que determinen si la empresa crece o fracasa.

Nadie tiene seguridad laboral, pero los emprendedores tienen el control y confianza en la situación y en sí mismos. Mientras estén a cargo de la compañía, están a cargo de su destino. Y ese es el sentimiento de seguridad que cualquiera espera disfrutar.

24

Quieres ser el capitán, no el almirante

En 1917, con la Primera Guerra Mundial todavía en rigor, el fabricante de autos Rolls Royce se vio bajo la presión de fusionarse con la compañía de armas Vickers. La junta directiva le pidió a Henry Royce, el ingeniero cofundador de la compañía, que diera su opinión en cuanto a la fusión de las dos firmas. Luego de considerar en su respuesta el estado del mercado de autos de lujo en los años después de la guerra, y de describir los beneficios de aquella fusión para la "economía de ventas, fabricación y gestión técnica", Royce emitió su concepto: "Desde el punto de vista personal, prefiero ser el jefe absoluto sobre mi propio departamento (así sea demasiado pequeño), en lugar de asociarme con un departamento técnico mucho más grande sobre el cual solo tendría control conjunto", escribió.

Para Royce, el control lo era todo. Él insistía en revisar cada diseño dibujado por los ingenieros y dibujantes técnicos de la compañía. (Un dibujante técnico es más que un bosquejador, es un profesional calificado para realizar dibujos mecánicos en múltiples escalas detalladas, desde el primer tornillo hasta la última tuerca, en orden preciso de uso). Royce debía *verificar cada pieza* del producto en construcción e incluso trató de volver a la fábrica inmediatamente después de una cirugía durante la que le pronosticaron solo unos pocos días de vida.

Esa pareciera ser la preferencia de todo emprendedor. Toda empresa comienza como una idea, con una visión de determinado producto y de un negocio que, con las habilidades, la determinación y el esfuerzo correctos, podría convertirse en realidad.

Cuando esto sucede, cerrando la boca de todos los pesimistas que dijeron que no sucedería y de todos los críticos que predijeron el fracaso, siempre hay dos reacciones.

La primera es un impulso a la confianza. El emprendedor fue el único que creyó no solo en su visión, sino en su capacidad de hacerla realidad, razón por la que se esmeró trabajando hasta demostrar que tenía razón. Si alguna vez tuvo dudas, el simple hecho de mirar el producto y las cifras de ventas le ayudó bastante a elimina posibles dudas.

La segunda reacción es creer que él es el *único* que puede seguir haciendo realidad esa visión. Solo él está capacitado para aprobar el diseño de su invención. Solo él puede desarrollar la estrategia de mercadeo. Solo él puede elegir el mensaje de la compañía y su manejo de marca. Solo él puede no solo fijar la dirección de la compañía, sino supervisar el trabajo de sus ingenieros y gerentes, y del resto del personal.

Tras haber creado el éxito con sus propias manos, el emprendedor exitoso cree que la compañía seguirá teniendo ese éxito, solo si él se mantiene con sus manos puestas sobre su invención.

Pero no siempre tiene la razón. Escribiendo para *Harvard Business Review,* Noam Wasserman describió cómo los fundadores que son directores ejecutivos comienzan deseando tener poder y riqueza. Quieren que su compañía valga billones y desean continuar controlando cada aspecto de la misma.

Durante los primeros días de su fundación, esas dos opciones rara vez suelen estar en conflicto, ya que antes de comenzar a comercializar su producto, las compañías tienen poco dinero y son lo suficientemente pequeñas como para administrarlas con facilidad. Pero cuando el producto ya ha salido por la puerta y la firma comienza a buscar fondos de inversionistas para crecer con mayor rapidez, cada emprendedor deberá decidir si desea ser el capitán del barco o el almirante de la flota.

Cada opción tiene sus ventajas. Ser capitán significa renunciar al poder. En una investigación realizada en 212 nuevas empresas de los Estados Unidos que comenzaron sus operaciones a finales de la década de 1990 y principios de la del 2000, Wasserman encontró que, para cuando las compañías tenían tres años de existencia, solo la mitad de sus fundadores seguían siendo directores ejecutivos. Un año después, esa cifra había caído un 10% y para cuando las compañías llegaban a vender sus acciones en el mercado público, tres cuartas partes de ellas ya no estaban dirigidas por sus fundadores.

No todos esos cambios habrían sido voluntarios. Algunos emprendedores suelen insistir en que ellos mismos son quienes deben estar en control de todo, así una junta que ya no esté bajo su control indique que las habilidades requeridas para imaginar y crear una compañía no son las mismas que se necesitan para hacerla crecer y administrarla con el fin de que se convierta en una corporación de gran tamaño. En ese sentido, las batallas pueden haber sido dolorosas y es probable que el resultado final haya sido una total división de caminos. Wasserman afirma que los emprendedores que tratan de mantener tanto el poder como la riqueza terminan sin ninguno de los dos.

"Lo sorprendente es que tratar de maximizar uno de los dos pone en peligro el hecho de alcanzar el otro", escribe. "A cada paso que dan, los emprendedores enfrentan una elección entre ganar dinero y administrar sus empresas. Y los que no identifican qué es más importante para ellos, suelen terminar sin riquezas, ni poder".

Los emprendedores inteligentes entienden que cuando las empresas crecen y se hacen valiosas suele ser porque el fundador ha elegido mantener el control sobre los aspectos de la firma en los que él aporta al máximo. Y en lugar de tratar de ser tanto el presidente de la junta como el director ejecutivo principal, prefiere contratar una junta de profesionales en quienes él confía y está dispuesto a escucharles sus consejos.

Incluso puede buscar un director ejecutivo con experiencia en empresas y administración para que mantenga un ojo sobre el precio de las acciones, mientras él se concentra en la ingeniería y el diseño. El resultado es que el patrimonio de la compañía sigue creciendo a la vez que él retiene su influencia sobre aquellas partes de la empresa que más significado tienen para él y sobre el éxito que desea alcanzar.

Después de explicar su propia preferencia por tener fuerte control en un negocio pequeño que por tener control compartido en uno grande, Henry Royce aconsejó a la junta que ignorara su opinión. "Esta no *debería* considerarse", escribió. "Nos propondremos a trabajar juntos".

Royce era un emprendedor. Él dejó que la junta directiva decidiera el futuro de la firma que él mismo había ayudado a crear. Él quería el control, pero entendía que a veces hay que renunciar a algo de poder por el bien de la empresa y para retener el control de aquellos aspectos que él consideraba más importantes.

25

No puedes lanzar una piedra sin golpear una oportunidad

¿Con qué frecuencia alguien te ha dicho que tiene una excelente idea de negocios? ¿Y con qué frecuencia ese mismo soñador ha estado empleado trabajando para un jefe?

Es probable que hayas terminado confundido después de esa conversación. Si él piensa que su idea es tan buena, ¿por qué no está haciendo algo al respecto? Y si de verdad se ve como un emprendedor que está a la espera, ¿por qué se siente tan orgulloso con solo tener la idea, pero no la ejecuta?

Los emprendedores tienen docenas de ideas diferentes antes de que siquiera llegue la hora de desayunarse.

La diferencia entre un emprendedor y un trabajador promedio es que el primero tiene la agilidad para ver una oportunidad que el segundo pierde por completo. El hecho es que un emprendedor sabe ver oportunidades en todas partes, luego las organiza, entiende qué se necesita para hacer que una de ellas funcione y por último se pone manos a la obra y la convierte en realidad.

Debido a que de verdad hay oportunidades por todas partes y cada día surgen nuevas posibilidades, pregúntale a un emprendedor de dónde obtuvo la idea de su empresa y escucharás tantas respuestas diferentes como compañías.

Sin embargo, en general, las oportunidades tienden a tener tres procedencias.

La primera es una solución a un problema que él ha experimentado a nivel personal. Cuando un emprendedor recibe un mal servicio en algún aspecto, él comienza a preguntarse si no hay una mejor manera de prestarle esa atención al público. Si al dar reversa golpea un bolardo que no podía ver en el espejo retrovisor, él se pregunta si sería posible poner sensores o una cámara en la defensa trasera, de tal manera que el conductor pueda advertir cuando están muy cerca de un objeto. Al ver que desperdicia tiempo organizando sus facturas o recolectando las declaraciones de impuestos, él empieza a pensar en un producto que pudiera ahorrarles un dolor de cabeza tanto a él como a otras personas.

Por ejemplo, David Cohen, fundador y Director Ejecutivo de Techstars, (en Boulder, Colorado), le explicó a *Wall Street Journal* que creó una de sus empresas después de haber estado luchando con respecto a cómo encontrar noticias acerca de la música que más le gustaba. EarFeeder revisaba los computadores de los usuarios en busca de la música que ellos ya habían comprado y luego creaba una cadena de noticias obtenida de internet según sus preferencias, junto con ofertas especiales y boletos a buen precio.

Cuando un emprendedor encuentra un problema, siempre termina con una oportunidad de negocio.

La segunda fuente de oportunidades de negocio son los problemas que él ve que otros experimentan. Ese es un desafío mayor. Es fácil sentir tu propia frustración, pero se necesita empatía y comprensión para entender que la frustración de otra persona no es un problema personal, ni una situación que la afecta solo a ella, sino que es una circunstancia con el potencial para convertirse en una oportunidad de negocio que podría aportarles beneficios a muchos.

La inspiración de Jennyfer Hyman para crear Rent the Runway no fue su propia preocupación por el estado de su ropero; fue cuando se hospedó en casa de su hermana durante unas vacaciones de la Escuela de Negocios de Harvard y vio que ella acababa de gastarse una fortuna en un vestido para asistir a una boda, aunque tenía un armario lleno de otras opciones. Al ver que las redes sociales estaban haciendo que las mujeres estuvieran menos dispuestas a usar el mismo vestido dos veces, encontró una oportunidad para resolver el problema de su hermana y el de muchas mujeres más.

La tercera fuente común de oportunidades de negocio es la nueva tecnología. Siempre que la tecnología da un paso, les da a los emprendedores una nueva oportunidad de hacer negocios. Por ejemplo, cuando Apple abrió el App Store, les dio a los emprendedores una solución al problema de llevar al mercado un juego de video. En el pasado, los diseñadores de juegos necesitaban CD impresos, diseño de empaque y entregarles cajas completas a las tiendas de todo el país. Ahora solo debe escribir el código y entregárselo a la tienda.

La liberación del dispositivo en sí creó toda clase de nuevas oportunidades de negocio, desde aplicaciones que lo convertían en una linterna hasta las que hacían sonidos poco agradables. Para un emprendedor, la pregunta nunca es a dónde mirar para encontrar una oportunidad, puesto que él no puede entrar a un edificio sin estimar su valor, sin preguntarse acerca de las compañías detrás de cada puerta y asumir que esos son negocios con problemas que necesitan ser resueltos; y ante estas opciones, él comienza a analizar cuál sería el presupuesto para crear un producto que él podría venderles.

El verdadero desafío para un emprendedor es cómo evaluar todas las oportunidades que él ve y elegir las que tengan mejores posibilidades de éxito.

Así como una oportunidad surge de múltiples fuentes y de diversas formas, también varía la forma en que los emprendedores las eligen. Algunos solo siguen su corazón. Eligen la idea que más brilla y la ejecutan. Otros hacen investigaciones de mercado, comparan competidores; incluso, algunos hasta realizan reuniones de grupos de enfoque y aprovechan las oportunidades que parecen tener la mayor posibilidad de éxito.

Emprendedores como Jeff Bezos preferirían la opción que les de las mejores recompensas sin importar cuánto se necesite para ganarlas; en cambio, otros aplicarán la máxima de poder fracasar rápido y a bajo costo. Tomarán la oportunidad que cueste menos y no tardarán en mostrar si puede o no funcionar.

Sin embargo, lo que los emprendedores nunca hacen es emocionarse con una sola idea, ni les hablan a completos extraños sobre ella. Ellos no hablan de las oportunidades que encuentran a su paso, sino que las toman y avanzan.

26
Tomas pruebas de personalidad y te preguntas cómo monetizarlas

Para el General Ne Win, el dictador que dirigió Burma durante 26 años, los números lo eran todo. El nueve era su número de la suerte, así que se aseguraba de que los eventos importantes se realizaran en fechas cuyos números al sumarse dieran nueve. En 1987, ordenó que todas las notas bancarias deberían poder dividirse por nueve. Notas por el valor de 45 kyats y 90 kyats remplazaron a las notas de 50 y 100, eliminando ahorros y dificultando los pagos en efectivo.

Pocos emprendedores son tan supersticiosos. No confían en las probabilidades de que haya números de la suerte, ni en las estrellas; tampoco consultan las líneas de sus manos antes de tomar decisiones financieras, pues ellos saben que tienen el control de su destino. Y que el éxito no llega con el destino, sino solo con trabajo duro, motivación y una disposición a correr riesgos.

Pero los emprendedores sí entienden que, incluso si su futuro no estuviera escrito en las estrellas, sí puede estarlo en sus genes. Se necesita ser un tipo de persona especial para crear su propia empresa. Hay muchos más empleados y mucha más gente dispuesta a seguir siendo empleada, que emprendedores decididos a crear una compañía exitosa a partir de una idea de negocios.

Los emprendedores siempre quieren tener la certeza de que, sin lugar a duda, ellos son ese tipo de persona.

Como es fácil dudar, el éxito nunca se da de manera repentina. Solo llega después de una larga serie de noches, muchas de las cuales son cortas y muchas más son de desvelo. Mientras la empresa no esté operando, cualquiera, incluso el más confiado de los emprendedores y con el mejor de los respaldos, tendrá momentos en los que se preguntará si de verdad tiene lo que se necesita para encontrar la financiación que se requiere, contratar el personal, producir los planes de mercadeo y comercializar su producto. Se preguntará si de verdad es emprendedor o solo un iluso que en algún momento pensó que podría conquistar esa meta en la que se embarcó.

Cuando los emprendedores tienen dudas y ven que todavía no tienen su oficina principal, un buen saldo en su cuenta bancaria y su nombre en el frente del edificio, demostrando así que sus ideas sí funcionan, se ven tentados a someterse a pruebas de personalidad que analicen su carácter. No son escazas. La prueba Myer-Briggs suele decirles que son ENTP, un tipo de personalidad que se concentra en la acción, pero que también le gusta considerar bien los problemas y desafiar el *statu quo;* también prefieren nuevas ideas y evitan estructuras que los limiten y restrinjan.

Los emprendedores que toman las pruebas que ofrece Enneagram Institute suelen descubrir que son "reformadores" o personas con tendencia a controlar su ira y sus emociones. Les gusta encausar sus energías hacia adentro, hacia su crítico interior, resolviendo sus imperfecciones y buscando siempre mejorarse a sí mismos.

Otros usarán formas de teorías de personalidad más simples y asumirán que son el tipo A: competitivo, extrovertido y ambicioso.

Lo cierto es que aunque ellos toman esas pruebas con cierta frecuencia, también son conscientes de sus limitaciones. Las pruebas Myers-Briggs son notorias por lo complejas, con patrones de características que se traslapan. Los empresarios tipo ENTP, impulsados por la acción, fácilmente podrían ser ENFPs multifuncionales, ENTJs que dan órdenes, INTJs inventivos o INTPs creativos. Un emprendedor puede ser el "triunfador" de Enneagram Institutes o también un "individualista y reformador".

Cualquiera que ya haya dado los pasos para crear una empresa ha demostrado que tiene las características que constituyen una personalidad Tipo A, pero he visto otros increíbles tipos de personalidad que se han convertido en emprendedores o se han asociado con los que son Tipo A.

Sin embargo, en todas estas pruebas hay un grado de sesgo de confirmación. Siempre es confortante cuando estamos buscando una razón para creer que vamos por buen camino y aprobamos todo aquello que nos diga que somos los indicados para el camino que tenemos por delante. Y los resultados suelen ser lo suficientemente vagos como para que los interpretemos de una manera que hace justo eso: ya sea que una prueba de personalidad diga que somos personas con propósito o adaptables, autocontroladas o ensimismadas, nunca es muy difícil tomar esa descripción y aplicarla a la personalidad de un empresario exitoso.

Las pruebas de personalidad también hacen otra cosa. Por ejemplo, la prueba Myers-Briggs fue inventada por una madre y una hija durante la década de 1940 y con el tiempo se convirtió en el producto mejor vendido de una editorial de materiales de sicología en California. Enneagram Institute no es solo una prueba de personalidad, también es un producto que requiere comercialización y depende de su calidad para atraer y ganar clientes. Ese tipo de emprendedores trabaja duro corriendo la voz entre sus amigos sobre la prueba que han tomado, recomendándola con gran énfasis para que ellos también la adquieran.

El hecho es que los emprendedores toman pruebas de personalidad para reasegurarse de que de verdad nacieron para una vida de liderazgo y desarrollo. Pero mientras piensan en esas pruebas, también analizan el crecimiento de sus negocios, en el mercadeo y en la forma de lograr atraer clientes y vender sus productos.

Además, ellos entienden que el éxito nunca se reduce a lo que ellos son; siempre tiene que ver con lo que ellos hacen. Y cuando toman una prueba de personalidad, reconocen el trabajo de otra persona que logró convertir una idea en un negocio.

Tomar una prueba de personalidad y pensar en cómo ese emprendedor logró vendértela es una señal más clara de que naciste para ser un líder de negocios, más allá de los números, colores, letra del abecedario o etiqueta que identifique los resultados de la prueba.

En mi experiencia personal, el hecho de hacer pruebas también me ha ayudado a identificar algunos rasgos reales o potenciales en empleados y socios de negocios, los cuales pueden beneficiar a la compañía; han sido rasgos que yo no había percibido antes, ni considerado como deseables y útiles. Sin embargo, tenerlos identificados me ha hecho entender que *de verdad* son deseables y que sin duda quiero fomentarlos entre mis empleados y socios, así que he prestado atención.

27

Obvias los problemas y buscas soluciones

Si Michael O'Leary, el fundador de RyanAir, la aerolínea de bajo presupuesto, alguna vez mira la página de Facebook de su compañía, será poco probable que disfrute la experiencia. Las publicaciones que hace el equipo de redes sociales de su empresa cubren temas que van desde información de vuelos hasta fotografías de locaciones hermosas. Sin embargo, los comentarios son de dos categorías: la de los clientes que piden información sobre un vuelo que están por tomar y la de las quejas sobre vuelos que ya tomaron.

Ese es un patrón que se ve no solo en las páginas de las aerolíneas, sino en casi todo tipo de empresas. Por lo general, cuando los clientes se comunican con una empresa es para manifestarle algo negativo. El buen servicio suele darse por hecho; en cambio, las experiencias decepcionantes se anuncian con bombos y platillos.

Las quejas no son un patrón de comportamiento entre los emprendedores. Son características entre empleados, y, en particular, empleados que no tienen que asumir la responsabilidad de resolver los problemas de su lugar de trabajo. Mi propia personalidad siempre ha sido tendiente a saltarme la parte de las quejas e ir directo a la parte de resolver lo que me esté molestando como cliente.

Los problemas siempre son fáciles de identificar, pero mucho más difíciles de resolver. Es por eso que resulta curioso que las compañías de software inviertan gigantescas sumas de dinero en sus equipos de desarrollo, pero a quienes prueban las primeras versiones no les dan nada a cambio por ayudarles a identificar errores y así tener una mirada inicial de lo que será la siguiente versión. Casi todos los usuarios pueden ver cuándo un producto o servicio no están bien. Por esa razón, el emprendedor necesita tener destrezas especiales para corregir lo que no está funcionando.

Es indudable que resulta satisfactorio identificar problemas. Cualquiera que no haya sido invitado a dar su opinión sobre alguna irregularidad en determinado producto o servicio se sentirá inteligente al identificar lo que no está funcionando apropiadamente, ya que ese mal desempeño está afectando a la empresa; puede tratarse de la indecencia del personal, de alguna característica del producto que no funciona, de un empleado que no sabe nada sobre el producto. Quizás esa persona que detecta ese tipo de situaciones no sea el director ejecutivo o el fundador de la empresa, pero está viendo algo que alguien mucho más exitoso pasó por alto.

Es la misma sensación de satisfacción que tienen quienes se sientan en los bares y se dedican a resolver las crisis del Medio Oriente con un vaso de cerveza y una taza de nueces, mientras los diplomáticos internacionales con décadas de experiencia luchan por hacer algún progreso. Es fácil concentrarse en un problema. Es divertido soñar con una solución que nunca será puesta a prueba mediante implementación.

Encontrar una verdadera solución que requiere construcción, financiación, prueba e implementación, e identificar quiénes necesitan ese producto o servicio, exige mucha responsabilidad, así como el esfuerzo y la energía de un verdadero emprendedor.

No es que los emprendedores no vean los problemas. Los ven y luego buscan la oportunidad para solucionarlos, porque la solución a cualquier problema siempre es una nueva oportunidad para mejorar algo, para superar a un competidor o lograr mayor cercanía entre los clientes y la compañía. Es una oportunidad para avanzar, vender más y dejar una huella más grande en el campo de acción. El instinto de cualquier emprendedor es identificar primero el problema, pero en lugar de relajarse y disfrutar de la satisfacción que trae el hecho de ver algo que otros han pasado por alto, comienza a pensar cómo hacer para resolverlo.

Es ahí donde las cosas comienzan a hacerse muy difíciles. Cuando alguien decide expresar su opinión con la frase "no entiendo...", siempre tiene la razón. No entiende. Cuando alguien dice: "No entiendo por qué Apple no lanza ya su televisión" es evidente que esta persona no entiende las complejidades que implicaría implementar algo como eso. En realidad, no le importa la parte de la implementación. Lo que ese comentario deja ver es que, en realidad, lo que le interesa es expresar su opinión y usarla para ufanarse de su inteligencia; y a veces, solo quiere quejarse por diversión.

Los emprendedores no se dan ese lujo, ni desean dárselo. Ellos no quieren la satisfacción que viene de solo ver el problema; la que ellos quieren es la satisfacción de identificar una solución que funcione y verla operando cuando se implemente.

Para eso se requiere una manera de pensar muy diferente. En principio, significa hacer a un lado las emociones y mirar el problema con cabeza fría. Esto implica preguntar por qué existe el problema, qué beneficios aporta la manera actual de hacer las cosas y examinar cómo se retendrían esos beneficios mientras se elimina el inconveniente.

También significa aceptar la realidad de que a veces no es posible hacerlo todo. Una de las preguntas más comunes en entrevistas de trabajo es: "¿Cuál es tu mayor debilidad?" La respuesta aparentemente más sabionda es: "Soy perfeccionista". Sin embargo, este es un agravante tanto para los empleadores como para los empleados potenciales que dan esa respuesta, pues están revelando una debilidad, dado que los emprendedores saben que no hay nada perfecto. Cada producto que una compañía saca al mercado es el resultado de compromiso. Los presupuestos y los plazos limitan el alcance de sus desarrolladores. Los límites de precio significan que los diseñadores deben trabajar con partes que quizá no sean las mejores en el mercado. La necesidad de apelar a un mercado amplio puede significar retirar algunas características y añadir otras que algunas personas nunca usarán.

Es decir, cada producto tiene un problema. Por ejemplo, puede generar quejas e inspirar al cliente para que publique algo negativo del fabricante en Facebook o comience una conversación meneando la cabeza y diciendo: "No entiendo..."

Por esta razón, para el fundador de una compañía es frustrante mirar su página de Facebook, sus correos electrónicos o sus foros de apoyo y encontrar las listas de quejas y solicitudes de nuevas características en sus productos. Solo él sabe cuánto esfuerzo ha dedicado a crear las características que sus clientes *sí* disfrutan. También sabe por qué sus productos no son satisfactorios en algunas áreas, mientras *sí* sobresalen en otras. Y no solo ve el problema, sino que también lo entiende y siempre está buscando formas prácticas de resolverlo.

Muchos emprendedores increíbles, como Oprah Winfrey, han confesado que ni siquiera leen sus redes sociales porque es demasiado dañino para sus almas. Ellos contratan a otros para que las lean y traten con las opiniones que necesitan ser tratadas. En cuanto a los que los "odian", bueno, hablaremos de ese tema en otro momento. El emprendedor exitoso no tiene tiempo para ese tipo de equipaje de gran peso, a menos de que con eso pueda encontrar una manera de ganar dinero o crear una compañía.

28

Conoces la diferencia entre una idea y un producto

La vida para quienes no son emprendedores siempre implica cierta porción de frustración. Los emprendedores no son los únicos que saben ver oportunidades. Hay otros que también las encuentran en lugares inesperados y hasta pueden encontrar muchas más. Quizá piensen en ellas todo el tiempo. En otras palabras, quienes dedican su vida a trabajar para otros y están satisfechos con hacerlo, también pueden tener ideas de negocios y ver vacíos en el mercado. Todavía tienen esos momentos en que piensan: "¿Por qué nadie ha hecho esto?". Y después de pensarlo por mucho más tiempo que un emprendedor, quizá se preguntan, piensan y toman tiempo para considerar un poco más si ellos podrían hacerlo.

Para quienes no son emprendedores, el proceso terminará en ese punto, pues personas que siempre se han considerado a sí mismas como un pequeño engranaje en una gran máquina no entienden la diferencia entra una idea y un producto tangible; tal vez por eso piensan que tener una idea es la parte difícil y que el concepto es lo que hace valioso a un negocio.

Pero los emprendedores saben más. Ellos conocen la verdadera diferencia entre una idea y un producto. Entienden que la idea apenas puede ser medio paso en un largo camino que conduce al éxito. Es un paso necesario. Es el paso que define la dirección del negocio y le da una meta. Pero en realidad, no alcanza a representar algún avance importante.

Los emprendedores entienden que la diferencia entre una idea y un producto no es el poder de la idea, ni el potencial del mercado, sino su ejecución. Quienes no son emprendedores tienen buenas ideas y se preguntan por qué estas no saltan de sus cabezas y se convierten en productos por sí solas, justo ante sus ojos. En cambio, los emprendedores saben que esas ideas seguirán siendo producto de la imaginación hasta cuando alguien haga el esfuerzo de convertirlas en algo físico. Y por cierto, eso exige trabajo.

Cuando alguien que no es emprendedor tiene una buena idea para una aplicación, un producto, un servicio o cualquier otro negocio, se felicita a sí mismo por su inteligencia y habilidad para identificar una oportunidad. En cambio, cuando un emprendedor tiene una idea de algún negocio, no se demora en comenzar a pensar cómo sería la ejecución. ¿Qué desafíos representará un emprendimiento como este y cómo hacer para superar posibles problemas?

Esos desafíos suelen tener tres formas.

La primera es el dinero. Toda idea de negocio requiere efectivo para comenzar a avanzar. Cuando un emprendedor tiene una idea, su experiencia comenzará a darle un valor estimado de la cantidad de dinero que requerirá para comenzar. Ese primer cálculo no será perfecto, pero aun así será muy acertado para el comienzo. Será una cifra aproximada que, si no puede llevar la totalidad de la idea que él tiene en mente al mercado, por lo menos la llevará a la fase de desarrollo.

Ese es el primer pensamiento y es estimulante, porque el problema de recaudar fondos tiene una solución. Siempre hay fondos disponibles para grandes negocios. Los emprendedores solo tienen que persuadir con las cifras a quienes tienen sus chequeras dispuestas a apoyar emprendimientos con potencial de éxito. Tan pronto como un emprendedor reconoce que la primera barrera entre una idea y un producto es el capital, las cosas comienzan a avanzar, puesto que esa barrera se puede derribar; además, él usará parte de sus propios fondos para operar durante los primeros meses de investigación, planeación y redacción del negocio; luego, comenzará a hacer listas mentales de inversionistas que él conozca y que aportarían dinero a una idea como la que él tiene. También se preguntará cómo recaudar fondos mediante una campaña en Kickstarter y qué tipo de beneficios debería ofrecer.

En resumen, tan pronto como él comienza a pensar en el problema del dinero, empieza a pensar en soluciones financieras. Y cuando las posibles soluciones comienzan a derribar esa barrera, la emoción de ganar lo impulsa hacia la siguiente barrera: el desarrollo.

El desarrollo de un producto en sí tiende a ser difícil. El emprendedor hace parte del trabajo por su cuenta. Si es un emprendedor con experiencia en codificación y tiene una idea para una aplicación, comenzará a crear el código y la base de datos. Incluso antes de realizar cualquier trabajo, en su mente separará horas durante el fin de semana para tener la primera versión en funcionamiento. Pero pocos productos exitosos son hechos por una sola persona, por eso él necesitará buscar la ayuda de un diseñador, un compositor y un guionista.

Conforme vayan surgiendo esos problemas, él pensará en las soluciones. Comenzará a identificar personas que conozcan a otras personas que puedan servirle de ayuda. En un comienzo, quizás esa ayuda se apoye en trabajadores independientes, pero eso apenas será suficiente para convertir la idea en un prototipo.

Así, el camino de la fase del concepto a la fase de construcción ya está empezando a abrirse: el dinero vendrá de esta fuente y de aquellos ahorros; el trabajo se hará en tales horas y con determinados profesionales. Esto da paso a pensar en la comercialización, pero tras haber pensado hasta este punto en el producto o servicio, el emprendedor sentirá una gran urgencia por conocer a su competencia, por entender mejor a sus clientes y buscar las fallas que puedan tener sus propios productos para repararlas a la mayor brevedad posible.

Podemos decir entonces que, cuando las personas que no son emprendedoras tienen ideas de negocios, piensan que han hecho el trabajo duro y años después se preguntan por qué esa idea no se ha materializado de alguna manera y por qué ellas no se han hecho ricas.

Cuando los emprendedores tienen una gran idea de negocios, de la cual están convencidos, en pocos días esa idea se habrá transformado en una oportunidad. Después de una semana o dos, ya será un plan. Unos meses después, ese plan se habrá convertido en un proyecto y algunos meses más adelante, ya será un producto. Un emprendedor entiende toda la actividad que marca la diferencia entre un estallido de inspiración y un negocio inspirador.

29

Siempre llegas a la meta así tengas que arrastrarte para llegar

En la industria de la tecnología, la esperanza de vida promedio de un emprendimiento que está fracasando después de su última ronda de financiación es de más o menos 20 meses. El tiempo promedio desde la ronda de financiación hasta el fracaso es de 16.5 meses. Eso es mucho menos de lo que infinidad de propietarios de nuevas empresas preferirían. Un emprendedor puede pasar muy rápido de la alegría de recibir un cheque de siete cifras de parte de inversionistas impresionados por su plan de negocios, a la miseria de verificar que las puertas de su oficina estén aseguradas al salir del edificio por última vez. Créeme, eso apesta. Pero el emprendedor exitoso se pone en pie y empieza a moverse con rapidez.

Los emprendedores saben que sus planes solo pueden tener uno de tres finales. Uno, la compañía que están construyendo podría crecer y crecer y no dejar de hacerlo hasta conquistar al mundo, tener oficinas en cada una de las principales capitales y comprar su propia isla de retiro para sus ejecutivos en algún lugar del Caribe, junto con un avión corporativo para llevarlos allá.

Otro, podría terminar con una compra. Alguien de Google o Facebook o Exxon podría acercarse en medio de una conferencia y preguntarles si alguna vez han pensado en vender. Habría reuniones y negociaciones, se establecería y se presentaría un precio para luego recibir un gran cheque; entonces, quizá compren una casa más grande y comiencen un nuevo negocio, esta vez por diversión, en lugar de hacerlo por la necesidad de ganarse la vida.

Desde luego, también está la tercera opción: cuando ya sea claro que no pueden pagar las cuentas, y los gastos se hayan vuelto mayores que los ingresos, y haya llegado la hora de cortar los servicios y despedir a los empleados. Esto es muy doloroso, pero también es una oportunidad para soltar algo que te ha estado refrenando a ti y a tu familia por cierto tiempo y ahora puedes iniciar algo nuevo y esperanzador.

Todos estos momentos son finales, y todos los finales son personales e impuestos sobre el emprendedor. Es él quien debe comenzar o finalizar esos momentos, sin nunca darse por vencido. Simplemente, sigue adelante hasta llegar a uno de esos finales. Incluso si el camino que tiene por delante se ve difícil y el crecimiento es lento en el momento, mientras haya esperanza de que las cosas pueden mejorar, un emprendedor seguirá presionando, buscando lanzar nuevos productos y esperando que el siguiente proyecto sea el que despegue.

El problema es que el escenario descrito no siempre se da. Hay un cuarto destino para las empresas que crean los emprendedores: convertirse en compañías zombis. Son firmas a la deriva. Ganan suficiente dinero para pagar las cuentas, pero nunca lo suficiente para invertir en nuevos productos. Pagan los intereses de sus deudas, pero nunca lo suficiente como para abonar a capital. No pueden contratar a nuevos empleados o aumentas salarios, pero pueden pagar la nómina y mantener el personal a bordo.

Ese es un problema que afecta a una gran cantidad de empresas. Company Watch, una firma británica de gestión del riesgo, estima que, al cierre del año 2013, solo en el Reino Unido había 227.000 compañías con pasivos de al menos £5.000 por encima de sus activos. Sus déficits combinados sumaban más de £70 mil millones.

Para un emprendedor, esa es la peor situación posible. Por un lado, ha logrado algo y es mucho más de lo que la mayoría de las personas podría alcanzar. Ha convertido en negocio una idea, han creado un producto que la gente quiere comprar e hizo la comercialización que atrajo a esos clientes. Esos ya son grandes logros.

A pesar de eso, la mayoría de los emprendedores quiere y necesita más que simplemente existir como zombi. Si ellos estuvieran conformes con ese nivel de operación, abrirían una tienda de abarrotes estilo papá y mamá, y guardarían el efectivo. Si bien eso es un grado de emprendimiento perfectamente razonable, en la actualidad, cuando un emprendedor inicia una empresa, por lo general está buscando algo más. No solo quiere una tienda, quiere muchas. No solo quiere pasar los días detrás del mostrador o sentado ante un escritorio recibiendo órdenes, sino que quiere poder emplear personas que trabajen para él y así proveer para muchas otras, al tiempo que se concentra en el crecimiento de su empresa.

Es en ese crecimiento donde comienza la verdadera emoción de tener una empresa. Cuando un emprendedor sabe lo que sucederá mañana y que mañana va a ser igual que hoy, la empresa comienza a dejar de ser interesante. La atracción del emprendimiento es la infinidad de posibilidades, el no saber si estás construyendo algo que se va a convertir en una corporación gigantesca o que conducirá a una venta por un gran precio o que se irá desvencijando y morirá. Cada día como emprendedor es otro lanzamiento de dados, otra coincidencia en el billete de lotería. Cuando la compañía está estable, pero deja de crecer, la lotería ha terminado. El juego ha llegado a su final y pronto llegará la hora de comenzar a pensar en el siguiente proyecto.

El desafío está en cuándo y cómo ponerle fin. Pero ese no es el mayor desafío que enfrentará un emprendedor. En algún momento, siempre encontrará la salida a cualquier circunstancia. Y una cualidad muy importante es saber eso. Una empresa que tiene ingresos y puede pagar sus cuentas siempre será atractiva para alguien más. Existe la opción de vendérsela a otro emprendedor o a alguien que haga parte del personal; e incluso si no se ve obligado a cerrar una empresa, este emprendedor sabrá cuándo dar por finalizado un proyecto.

La mayoría de los proyectos de negocios tiene finales claros. Terminan con una oferta dramática, o, por lo general, con entender que no va a funcionar. Pero los emprendedores siguen hasta el final y solo ellos pueden decidir cuándo ha llegado ese final.

30

No crees solamente en la vida real

Lo más asombroso de ser un emprendedor es ver hecha realidad una idea que visualizaste. Ya sea que hayas pensado en un producto que los usuarios puedan tener y usar o en una aplicación para sus teléfonos o en una cadena de restaurantes que sirvan comida orgánica de Burkina Faso, el hecho es que diste a luz una idea que solo existía en tu mente.

Luego, mediante gran esfuerzo, la hiciste realidad. La volviste física. Hiciste que sucediera. Sin embargo, ese resultado lo logras única y exclusivamente si estás preparado para concentrarte en esa visión e ignorar lo que te dice el mundo real, al menos, al comienzo.

Nadie capaz de evaluar el riesgo de forma racional aceptaría con facilidad dedicar la cantidad de horas necesarias a hacer funcionar una empresa naciente sabiendo que en estos casos las probabilidades de éxito suelen ser inciertas. A eso se debe que los emprendedores tengan que pensar y actuar como el 80% de los conductores, en quienes abunda la tendencia a calificar por encima del promedio sus habilidades de conducción. Esa tendencia, a la cual los sicólogos han denominado "superioridad ilusoria", está implícita en casi todos los campos laborales. Por ejemplo, en un estudio realizado entre profesores universitarios, el resultado arrojó que el 94% de los participantes en la encuesta cree que su desempeño está por encima del promedio en comparación con el de sus colegas.

Dicho esto, es comprensible que todo emprendedor funde su empresa creyendo que él no será como los demás emprendedores, cuyas compañías han colapsado y desaparecido. Según su opinión, él está mejor equipado, su idea es mejor, tiene más ánimo y cuenta con un haz con el que no contaban los demás que lo intentaron antes que él y fracasaron; y aunque su intento también colapse y desaparezca, él estuvo seguro de que sí tenía lo necesario para hacer que su emprendimiento funcionara y así lograrlo.

Los emprendedores tienden a decirse a sí mismos que la mayoría de las empresas fracasa después de un par de años (o semanas o minutos o cualquiera que sea la duración en el último blog que hayan leído), pero que ese tipo de hechos del mundo real no aplica para ellos.

Y pueden tener razón, no solo porque ellos sobrevaloran sus propias oportunidades de éxito, sino porque también subestiman las probabilidades de los demás. Cuando StatisticBrain. com, un sitio en internet que reúne datos de múltiples fuentes, examinó las tasas de supervivencia de las empresas en diferentes industrias, encontró que el 59% de las nuevas empresas en las industrias de finanzas, seguros o bienes raíces continuaba operando después de cuatro años. Más de la mitad de las empresas en agricultura, servicios, ventas al por mayor y minería también seguía operando. Y en todos los sectores de la industria, solo un cuarto de nuevas empresas fracasó durante su primer año y casi dos tercios lograron llegar al tercer año.

Sin embargo, ya sea que los emprendedores acepten que la mayoría de las empresas colapsa casi tan pronto como se funda, o sepan que de verdad tienen una oportunidad entre cuatro de operar su negocio por cuatro meses, ellos asumen que en diez años todavía estarán liderándolo (cuando el 71% de las empresas ha fracasado, según StatisticBrain.com) o que lo habrán vendido y estarán tomando piña colada en alguna playa.

Dicho de otro modo, lo que sí importa en el mundo real no importa en el mundo al que ellos pertenecen. A ellos lo único que les importa es que tienen una visión y el deseo de hacerla realidad. Y esa es su decisión. Su fe en sus habilidades se extiende más allá de la tasa de expectativa de supervivencia de su emprendimiento y llega no solo hasta lo más profundo de sus pensamientos, sino que se manifiesta en el uso sorprendente que ellos hacen de dichas habilidades.

Pregúntale a cualquier emprendedor qué fue lo que más le sorprendió durante su ascenso a la cima y verás cómo él se detendrá a pensar para elegir cuál de tantas sorpresas recibidas sería la primera. Cuando les preguntaron a los emprendedores de MosaicHub, un sitio de internet para propietarios de empresas, cuál era la mayor sorpresa que habían tenido como emprendedores, las respuestas incluyeron la cantidad de tiempo que se necesita para lograr tracción; el vacío entre el ímpetu de un emprendedor y la ambición de un empleado; las negociaciones sobre el control cuando llegan los inversionistas; incluso mencionaron los sentimientos de soledad y dudas que ellos sintieron cuando dejaron sus empleos y comenzaron por su propia cuenta.

Lo cierto es que los emprendedores enfrentan sorpresas cada semana, desde reuniones con inversionistas, actividad que no se asemeja en nada a lo que ellos solían hacer antes de dirigir su propia empresa, hasta dirigir empleados y evaluar oportunidades repentinas para comprarles los negocios a sus competidores o hacer equipo con nuevos socios.

En el mundo real, estas son circunstancias difíciles. Son pruebas que ningún nuevo emprendedor ha tenido que enfrentar cuando ha estado trabajando para otra persona. Algunos, quizás hayan sido entrenados en escuelas de negocios, pero no hay nada como los desafíos a los que el mundo real los enfrenta y que ocurrirán solo hasta cuando ya ellos dirijan su propia empresa.

No hay manera en que ellos puedan predecir los desafíos que el mundo les pondrá en su camino, pero sí es crucial que crean que sabrán cómo enfrentarse a ellos y saldrán victoriosos. Dicha confianza se da solo cuando están dispuestos a ignorar que hay un mundo real lleno de trucos, problemas y trampas a la espera de su empresa. Los verdaderos emprendedores creen y asumen que, si construyen su empresa, esta les *funcionará.*

Y así ellos no crean en el mundo real, saben que existe y se las ingenian para negociar y viajar por ese mundo usándolo en beneficio de su idea. Las empresas exitosas siempre comienzan en la mente de un innovador, un inventor o un soñador.

Se requiere de fe y confianza para llevar las ideas de una visión a una oficina habiéndolas convertido en un producto tangible. Y en algún punto, ese emprendimiento enfrentará el mundo real y todos sus desafíos. Es ahí cuando el emprendedor exitoso deberá seguir creyendo en sus poco realistas probabilidades de triunfo al tiempo que acata las normas del mercado y acepta la realidad de que los clientes de verdad quieren su producto.

PARTE 4

El proceso

Así como no existe un tipo único de personalidad emprendedora, tampoco existe un solo tipo de proceso o trayecto para ser un emprendedor. Todo creador de empresas diseña su propio plan de juego. Así operen en una industria con un camino bien recorrido hacia el éxito y con técnicas conocidas, no hay dos empresas que comiencen en el mismo punto, enfrenten los mismos desafíos y funcionen de la misma manera. Todo emprendedor debe abrirse paso por entre los obstáculos que surgen en su camino y generar sus propias herramientas, junto con técnicas que les permitan forjarse su camino hacia el éxito.

Sin embargo, hay algo que todos los empresarios saben: que el único momento en que de verdad pueden perder es cuando dejan de creer y de intentarlo; cuando escuchan a los demás, a los que les dicen que no lo lograrán (y esas personas siempre estarán ahí y tendrán algo que objetarles respecto a sus emprendimientos).

Un emprendedor (que eres tú, si has llegado hasta este punto del libro) cree que un rechazo nunca es definitivo, sino un recordatorio de que él aún tiene un largo camino por recorrer.

Él entiende que debe mantenerse informado de lo que hacen sus competidores y le encanta estar al día con respecto a las novedades de su industria. Así evita repetir lo que otros han hecho y que no les dio resultado, y busca encontrar su nicho específico.

Los emprendedores son flexibles en cuanto a las recompensas que reciben a medida que desarrollan su empresa; el dinero puede no siempre ser el anhelado y los ingresos quizá crezcan con lentitud, pero mientras tanto, todo aquello que los ayude a impulsarse o que impulse a su empresa es bienvenido.

Además, ellos saben hacia dónde seguir para llegar a "la meta siguiente" y harán malabares y lo que se requiera para llegar a ella.

Cuando un emprendedor está desarrollando una empresa, debe saber conducir el bulldozer mientras dibuja el mapa y negocia los contratos. En resumen, lo hace, tal vez no a la perfección, pero la palabra operativa es "hacer".

Una de las características más fascinantes de las empresas, incluso de dos empresas en un mismo campo, es lo diferentes que son. Lo que sí es determinante es que casi todas se construyen a punta de inteligencia, determinación y trabajo duro. Estos son los ingredientes fundamentales de cada proceso de creación de productos o servicios. Y en esencia, también son los componentes indispensables de la vida.

31

Crees que "no" significa "no por ahora"

"Le presentamos disculpas por nuestra respuesta tardía. Después de debatir a nivel interno, lamentamos informarle que no creemos que esta sea la oportunidad indicada para considerar a _____ desde una perspectiva de inversión, dado que el mercado potencial no parece lo suficientemente amplio para nuestro modelo requerido".

"Aunque suena interesante, este no es un proyecto que desarrollaríamos aquí, ya que no es nuestra área de enfoque. Le deseamos la mejor de las suertes".

"Ayer tomamos la decisión de no pasar al siguiente nivel del proceso. Siempre hemos tenido problemas con el tipo de negocios relacionados con turismo y viajes".

Si alguna vez has tenido la suerte de encontrarte en la sala de conferencias de Union City Ventures, la firma de capital de riesgo de Fred Wilson, quizá te haya sorprendido ver allí una caja de cereal. De hecho, debió sorprenderte aún más el hecho de que ese cereal se llamara "Obama O's" y que la caja tuviera un dibujo del presidente comiendo cereales Cheerios.

Esa caja fue diseñada por Brian Chesky con el propósito de dársela a blogueros durante la Convención Nacional Demócrata de 2008 para promocionar su servicio de alquiler de dormitorios. En la misma convención también vendió a $40 dólares cada caja logrando así una venta total de $30.000 dólares. Wilson guarda esa caja en su sala de conferencias para recordar lo que él ha denominado como su mayor error: haber rechazado la presentación de negocios que quiso hacerle Airbnb para presentarle su proyecto.

Wilson no debería sentirse tan mal. Los correos electrónicos de rechazo al comienzo de este capítulo son tres de los cinco rechazos que recibió Chesky después de presentarles su propuesta a siete firmas de capital de riesgo en un solo día durante junio de 2008. Chesky publicó los rechazos que recibió en *Medium*. Las otras dos firmas ni siquiera se molestaron en responderle. ¿Qué pedía él? Tan solo $150.000 a una valoración de $1.5 millones de dólares.

Siete ejecutivos de empresas de capital de riesgo expertos en detectar talentos emprendedores rechazaron la oportunidad de poseer el 10% de Airbnb por tan solo $150.000 dólares. Siete años después, esa pequeña inversión les habría representado una ganancia de $2.4 mil millones de dólares. Hoy en día, Fred Wilson puede no ser dueño de parte de Airbnb, pero sin duda tiene la que debe ser la caja de cereal más cara del mundo, ya que Wilson pagó caro por la experiencia adquirida, la cual, a menudo, los empresarios terminan pagando a un alto precio.

Hace años, escuché hablar a un hombre que trabajaba en la industria manufacturera. Alguien se le había acercado para venderle una idea que tenía que ver con el uso de velcro para la parte de atrás de los sujetadores. Él se rio. Para la mayoría de las personas, el velcro parece haber existido siempre; sin embargo, fue descubierto y construido por George De Mestral, quien notó que las semillas espinosas de algunas plantas se pegaban al pelaje de sus perros cuando los llevaba a pasear. La propia compañía de De Mestral, que también era del área de manufactura, también se rio, pero George se adelantó y descifró cómo hacer velcro viendo cómo funcionaban las semillas que quitaba del pelaje de sus perros.

Muchos le dijeron que renunciara a semejante idea y volviera a su empleo habitual. Lo que George hizo fue "renunciar", pero a su empleo, no a su idea. Durante las presentaciones de su novedosa idea muchos le decían que cada vez que escuchaban ese "sonido de velcro", los hacía sentirse molestos.

Los empresarios entienden que el camino al éxito está pavimentado con rechazo. Ellos saben que escucharán decir "no" mil veces, antes de que alguien con la valentía suficiente termine aceptando sus ideas y dándoles el "sí". A menudo, parece que nadie quiere ser el primero en decir "sí" ante un nuevo emprendimiento. Es mucho más fácil que un inversionista ponga su dinero después de que otro más valiente ya haya firmado un cheque o hecho un pedido, pues no quiere arriesgarse a ser él quien da el primer paso.

Por lo tanto, los emprendedores siempre escucharán "no"; y si van a construir algo, tendrán que interpretar que cada "no" significa "no por ahora". Es *posible* que este inversionista que ahora se niega no esté interesado en ellos por el momento, pero es probable que se interese más adelante. De pronto, el próximo inversionista sí se entusiasme. Este cliente potencial podría no estar dispuesto a realizar un pedido clave, pero hay muchos más clientes potenciales y uno de ellos dirá que "sí".

De hecho, un rechazo no es solo inevitable. También podría ser deseable. Respondiendo a un comentario en una publicación de blog que defiende a Bitcoin, Fred Wilson argumentó que cuando los capitalistas de riesgo no votan para invertir, esa es una gran señal para la compañía. "Tener cero manos levantadas en una sala llena de capitalistas de riesgo es el mejor detector de confianza y optimismo que conozco", escribió. "Los capitalistas de riesgo son un rebaño de ovejas pastoreadas por lo que está de moda".

Hay varias razones por las cuales el rechazo puede ser una buena señal. Si los capitalistas de riesgo le están diciendo "no" a una cierta idea, entonces también están rechazando a otros emprendedores con ideas similares. Eso significa que habrá menos competencia porque esta también está siendo eliminada por los "no" y ese hecho hará posible que haya una mayor oportunidad de éxito futura.

Por esta razón, el emprendedor que interpreta un "no" como un "no por ahora" y sigue adelante tiene la capacidad de encontrar en quienes lo rechazan algunas grandes ideas. Por ejemplo, cuando le argumentan: "Si tu producto tuviera esto y aquello, nos llamaría la atención". ¡Bingo! Ahí encontró más características que añadirle a su idea. Si le objetan: "Bueno, alguien hace un par de semanas vino y tenía una (maravillosa) idea que es mejor que la tuya". ¡Bingo! Quien sea un verdadero emprendedor comenzará a moverse y a sacarles provecho a esos "bingos".

Los "no" también significan que el visionario que en su momento acepte su propuesta va a estar mucho más comprometido que un patrocinador promedio. Si está dispuesto a invertir fondos cuando otros le han dicho "no", es porque de verdad le encanta la idea, así que no huirá a la primera señal de problemas; además, estará listo con consejos y le brindará una relación cercana. Por lo general, a este punto, esto significa que el nuevo empresario ha encontrado un mentor.

Así las cosas, este inversionista y mentor tendrá una motivación que irá más allá de su amor por la idea de negocio o por el crecimiento de su inversión. Cuando la idea despegue, será conocido como la única persona que vio la magia y el potencial en esa idea. Entonces, obtendrá el prestigio de ser el visionario que identificó el talento y detectó la oportunidad. Ese es un gran incentivo.

Nunca se ha construido una gran idea de negocio sin rechazo. Está visto que las ideas más importantes suelen acumular el mayor número de rechazos. Por eso, se ha generalizado el hecho de que, en la actualidad, cualquier presentación de propuesta de una compañía para solicitar financiación sea llamada el "Airbnb de" su nicho de mercado o el "Uber de" su industria.

Pero esas compañías pioneras no tenían ninguna otra con la cual compararse. Esperaban que los inversionistas se arriesgaran con un proyecto completamente nuevo, sin ningún historial de éxito. En esos casos, el riesgo era mayor, por lo que el número de rechazos también debió haber sido mayor; y en cuanto a las ganancias, estas también han demostrado ser mucho mayores.

Así que, cuando un emprendedor comienza a pensar en construir un negocio, sabe que va a recibir rechazo y que escuchará la palabra "no" infinidad de veces antes de tener éxito. Él cuenta con eso. También entiende que esos "no" realmente significan "no por ahora" y que, cuanto más tiempo tenga que esperar por esa aceptación, llegado el momento, más poderosa será su victoria.

32
Sabes lo que están haciendo todos los demás

La rutina matutina de cada emprendedor es diferente. A algunos les gusta comenzar el día con un batido de vegetales o proteínas y una rápida salida a trotar mientras sale el sol. Otros salen de la cama hasta por la tarde, aterrizando sobre el control del juego con el que se estuvieron entreteniendo toda la noche hasta llegar a la ducha. La mayoría hace su recorrido diario a su oficina, saluda a su administrador y enciende su computador.

Cuando ya ha revisado su correo electrónico personal, el primer paso que da en la construcción de su empresa para ese día suele ser mirar lo que otras personas están haciendo y diciendo.

Los emprendedores en campos de alta tecnología inician sesión en GitHub para ver lo que otros desarrolladores están haciendo. Todos entran a LinkedIn para revisar lo que otros en su campo han publicado. Buscan blogs corporativos y revisan Twitter y las páginas de Facebook de la gente más importante que trabaja en su industria.

Cuando surgen las grandes oportunidades de conocer en persona a triunfadores famosos, bien sea en conferencias y reuniones tales como SXSW, reservan ese valioso espacio en su calendario y procuran hablar con ellos, dado que entienden el negocio y están influyendo en el mercado.

Ese ardiente deseo de saber lo que otros están haciendo tiene muchas razones. En parte, se trata de un requisito profesional. Es vital comprender lo que hacen y dicen sus competidores, así como la rapidez con la que lo hacen. Aunque los emprendedores que trabajan en campos competitivos no se sientan a explicarles a sus rivales todas las características de su nuevo producto, sí revelan la dirección que están tomando. Incluso empresas tan reservadas como Apple y Samsung filtran detalles que entusiasman al público y lo alienta a esperar su próximo lanzamiento en lugar de comprar ahora.

Los emprendedores siempre absorben cada filtración y rumores relacionados con su campo y saben lo suficiente como para rechazar las historias más descabelladas.

Además, se preocupan por saber si alguna empresa rival está trabajando para agregarle determinada nueva característica a su producto y procuran saber cuándo tiene planeado hacer su lanzamiento la competencia y cuál dirección creen que tomará el mercado.

Esa misma necesidad de conocimiento se extiende más allá de las actividades de los competidores y va hasta el trabajo de los socios potenciales. Por ejemplo, el propietario de una empresa que crea un nuevo complemento para WordPress querrá realizar un seguimiento del trabajo de los diseñadores de temas de WordPress y de los desarrolladores de otros complementos para buscar sinergias, así como la posibilidad de realizar mercadeo transversal.

Si los relojeros no hubiesen estado siguiendo el movimiento de Apple hacia el iWatch, habrían perdido la oportunidad de competir en un mercado que la gigantesca compañía de tecnología estaba abriendo.

Tan es así, que se ha dicho que ningún producto nace aislado y que ninguna empresa es una isla. Los emprendedores deben saber qué está sucediendo en el mundo que los rodea si de verdad quieren entender cómo encajar en ese mundo.

Sin embargo, sería un error decir que la mayor motivación para que los emprendedores les sigan el rastro a otros en su campo es una necesidad comercial. En su caso, la curiosidad es un elemento mucho más poderoso.

Primero que todo, fue la curiosidad la que los hizo pensar en su propio producto. Fue la curiosidad la que les hizo mirar el producto de otra persona, detectar su debilidad y preguntarse qué se necesitaba para arreglar ese punto débil. Fue la curiosidad la que les brindó el conocimiento especial que todo emprendedor necesita para crear un nuevo producto.

Esto implica que los emprendedores son, por naturaleza, entrometidos. Siempre quieren saber lo que otros están haciendo, incluso cuando estén trabajando en un campo completamente diferente al suyo. Los pasajeros que comparten silla con el propietario de una empresa en algún vuelo con seguridad pueden esperar un interrogatorio sobre sus vidas, sus trabajos y la forma en que los hacen. Todo el tiempo, incluso cuando no están "en servicio", los emprendedores están absorbiendo información... y evaluándola en busca de alguna oportunidad que otras personas hayan pasado por alto.

Pero hay una razón más por la cual los emprendedores corren a las plataformas sociales en la mañana y hacen un seguimiento de lo que está sucediendo en su campo: la pasión.

Cuando un emprendedor se compromete con un proyecto, este llena su vida. Desde el comienzo hasta que la empresa muere, se vende o llega a funcionar por su cuenta, ese proyecto es el centro de su atención. Eso incluye todo lo que podría afectar ese proyecto, desde el inicio de la comercialización hasta todos los involucrados.

Así como antes de que un candidato a un doctorado complete su tesis debe leer todos los libros escritos sobre el tema, conocer acerca de quienes lo manejan y escribieron al respecto, así también tienen que procurar estar informados sobre lo que otros están trabajando en el mismo campo, lo que han escrito y en qué están trabajando.

Deben ser expertos. Puede que no sean los únicos expertos, pero tienen que estar entre ese pequeño grupo de eruditos que tienen dominio completo de su tema.

Crear una empresa es como iniciar un Ph.D. Toma el mismo tiempo; es incluso un trabajo mucho más difícil; no va a ser fácil conseguir financiación; las posibilidades de éxito son bajas; se requiere de mucho conocimiento. Los emprendedores revisan GitHub, LinkedIn, Twitter y blogs de la industria todos los días porque tienen que hacerlo, pero también lo hacen porque quieren hacerlo. Y les encanta el hecho de que otros emprendedores también los estén observando a ellos.

33

Aceptas dinero
y otros elementos de valor

Los emprendedores suelen buscar un resultado específico de su trabajo: dinero. Esperan lograr un producto o servicio, venderlo y poner dinero en sus cuentas bancarias. El éxito de una empresa siempre suele medirse por el balance final.

Sin embargo, las altas cifras no necesariamente tienen que tomar la forma de dólares y centavos. Hoy en día, más de 100.000 minoristas aceptan bitcoins, una moneda digital que opera independiente de los bancos centrales nacionales. Para las empresas que venden en línea, recibir ese efectivo virtual tiene algunas ventajas.

Las transacciones suelen ser más económicas que las tarjetas de crédito y débito. Como con el efectivo, no requieren intercambio de información personal. Las transacciones suelen darse de forma rápida y los comerciantes no se ven afectados por los cargos adicionales que afectan a los minoristas que aceptan tarjetas de crédito.

Sin embargo, en ocasiones, una empresa puede aceptar más que el dinero que pasa mediante una tarjeta de crédito o incluso más que una moneda digital que no está controlada por ningún país. Los emprendedores suelen estar dispuestos a recibir *cualquier cosa* de valor: entradas para un juego, un nuevo teléfono o algunas noches de alojamiento en un hotel. Cuando Jack Gallaway, Presidente del Hotel Tropicana en Las Vegas, quiso persuadir a los propietarios del hotel en Ramada para que invirtieran en una ampliación, hizo un trato con un desarrollador inmobiliario con sede en Phoenix.

A cambio de un conjunto de dibujos conceptuales y un modelo arquitectónico que pudiera presentarle a su compañía, Gallaway le dio a la firma desarrolladora una semana de alojamiento hotelero incluyendo transporte. (El desarrollador que eligió no fue aleatorio, pues él ya había trabajado con esta firma antes). Gallaway obtuvo una propuesta gratis. La empresa desarrolladora recibió una semana de estadía en un hotel y el hotel terminó obteniendo la ampliación que Gallaway quería.

Ese tipo de trueque es la forma más común que usan los empresarios para ofrecer un producto o servicio con valor real a cambio de algo de valor que no sea dinero. Por lo general, se da dentro de un par de circunstancias diversas.

Por ejemplo, la mejor y más frecuente circunstancia en que las empresas están abiertas al trueque es cuando están comenzando debido a que tienen muchas necesidades inmediatas, pero poco dinero para cubrirlas. Así que acuerdan hacer un diseño web a cambio de unos pocos meses de alojamiento o le dan uno de sus productos a un contador a cambio de que les haga su declaración de impuestos.

Sin embargo, ese también podría ser el peor momento para pagar con un servicio en lugar de efectivo. La empresa está débil, tiene poco dinero y hay desesperación por vender los productos o servicios que promueve. Si bien pagar en especie es más fácil que usar el escaso efectivo con el que cuenta, la cantidad de empresas que conoce y que están dispuestas a aceptar el trueque es menor que la cantidad de empresas dispuestas a aceptar efectivo.

Restringe tu elección de proveedores solo a aquellos que necesitan tu servicio ahora mismo y están dispuestos a aceptarlo en lugar de dinero y es probable que recibas un servicio de menor calidad del que podrías haber comprado.

Si bien el trueque al comienzo de una nueva empresa puede ser tentador, por lo general, tiene un gran costo.

Por lo anterior, un mejor momento para que las empresas otorguen y reciban servicios en lugar de dinero es cuando ya están en funcionamiento y cuando ambas partes se conocen y confían entre sí. En ese punto, el trueque no surge por necesidad, sino por respeto. Cada emprendedor le da un valor al trabajo del otro. Cada uno de ellos quiere comprar lo que el otro vende, pero, en lugar de intercambiar efectivo, intercambian bienes o servicios de igual valor.

Lo difícil es estimar ese valor. El dinero muestra cuánto vale, pero un servicio o incluso un producto tienen un valor diferente tanto para quien lo genera como el que lo recibe. La diferencia es la ganancia y ese es el costo real del trueque.

Es por eso que los empresarios que se dedican al trueque basan el valor del intercambio en el precio minorista, no en el costo de producción. La diferencia es cuánto están perdiendo al regalar su producto en lugar de venderlo.

Cuando el intercambio se da con frecuencia, en lugar de ser una operación única, los emprendedores también les ponen límites a las cantidades que están dispuestos a recibir o regalar. Recibir boletos gratis para un juego de pelota cada mes a cambio de mantener el sitio web del equipo es bueno, pero los boletos no son moneda. Por lo tanto, con ellos no pagan el alquiler, ni pueden usarlos en las tiendas de comestibles. Cuando un emprendedor acepta una mercancía en lugar de un cheque, se asegura de no hacerlo con demasiada frecuencia, ni de demasiados proveedores diferentes.

Y todos esos trueques también los incluyen en su declaración de impuestos. Esa es otra diferencia entre el emprendedor y todos los demás. Cuando dos amigos acuerdan intercambiar favores, el acuerdo no es asunto de nadie más sino de ellos. En cambio, cuando un emprendedor recibe algo de valor a cambio de otro producto o servicio de valor, esta transacción también debe incluirse en su formulario de impuestos. Le quita algo de diversión al intercambio, pero hay que hacerlo.

En la práctica, cuando un emprendedor tiene una empresa en funcionamiento, la mayor parte de sus ingresos será en forma de dinero en efectivo, duro y frío, que es justo lo que les gusta a los emprendedores. Cuando surge la oportunidad de recibir algo que no es verde, ni en papel impreso, a los emprendedores les gusta aceptarlo porque, si bien el dinero es esencial, no es la única razón por la que conciben sus emprendimientos.

Los construyen por el desafío que ello representa, por la diversión, el logro y porque no pueden imaginarse haciendo otra cosa. Si alguien les ofrece algo valioso y atractivo a cambio del trabajo que realizan, siempre que no remplace todo su flujo de caja, es probable que los verdaderos emprendedores sonrían y lo tomen.

34
Tienes la mirada puesta en el premio

Pocas personas empiezan nuevas empresas con la meta de hacer dinero. Sin embargo, suena extraño. ¿Para qué es una empresa si no para hacer dinero?

De acuerdo con una encuesta del año 2013 realizada por Cox Business entre propietarios de pequeñas empresas, la abrumadora razón por la cual los pequeños empresarios optaron por crear sus propias empresas no fue para ser ricos, sino para ser sus propios jefes. Más de la mitad de los encuestados citó la independencia como su principal motivación, razón que fue superada solo por la idea de crear algo desde ceros. Esas dos respuestas fueron elegidas por más de dos tercios de los encuestados. Solo el 8% de los propietarios de pequeñas empresas dijo que la idea de ganar más dinero era su principal razón para comenzar su propia empresa.

Teniendo en cuenta el tiempo que transcurre antes de que una nueva empresa comience a generar ganancias, suele ser una buena idea concentrarse en cualquier otros de sus beneficios, aunque estos no sean suficientes, dado que, por ejemplo, la independencia y la creatividad pueden llevar a alguien con cierto espíritu emprendedor a que deje el cubículo de una empresa ajena para tener su propia oficina, pero esos factores no harán que la empresa crezca y tenga éxito. Las empresas no viven de la libertad, ni de la independencia, ni de la alegría de la creación.

Necesitan dinero.

Necesitan dinero para pagar las cuentas que mantienen vivo el negocio y para seguir creciendo. El dinero es crucial. Una empresa que no tiene los fondos para seguir invirtiendo no tiene cómo crecer. No puede desarrollarse, ni moverse hacia nuevas áreas, ni seguir impulsándose y probando los límites.

Los emprendedores que están en el negocio a largo plazo disfrutan de su independencia y aman la satisfacción que proviene de construir algo con sus manos. Sin embargo, también saben que el aspecto más importante de una empresa está en el balance final. Al final del año, la compañía debe haber obtenido ganancias o al menos estar apuntando en una dirección que le permita obtener ganancias en poco tiempo.

Por tal razón, los emprendedores siempre están buscando un retorno de la inversión.

Ese enfoque hace una diferencia real. El 70% de las pequeñas empresas es de propietarios individuales. Estas hacen suficientes transacciones como para mantener al propietario trabajando. Le ofrecen un ingreso que le permite hacer todo lo que dos tercios de los propietarios de pequeñas empresas querían cuando las comenzaron: independencia y sentir que están construyendo algo desde ceros y con poca ayuda de otros. Sin embargo, cuando esos propietarios de ese tipo de empresas no buscan un retorno de inversión, se quedan siendo propietarios únicos. No crecen. Remplazan un cubículo en una oficina abierta por una oficina personal en la habitación que tenían libre. Cambian un empleo donde trabajaban para otra persona por un trabajo que pueden hacer en sus propios términos. Logran el control de su propio horario, pero no el control sobre el horario de sus propios empleados porque no los tienen; tampoco les permite progresar para mudarse de la habitación que no usaban en su lugar de vivienda a su propio edificio de oficinas.

Cuando los emprendedores tienen la mirada puesta en el premio, hacen más que pagarse un salario y que disfrutar de la oportunidad de trabajar por su cuenta: crean para sí mismos la posibilidad de expandirse y encontrar sus propios límites. Buscan la manera de ser todo lo que pueden ser.

Lograrlo requiere de trabajo arduo. No es suficiente con mirar los ingresos mensuales y pensar: "Eso es para el pago de mi renta y mi comida".

Los emprendedores que miran el RSI siempre están pensando en cómo mejorar esos retornos. Experimentan con diferentes combinaciones de precios, piensan en nuevas gamas de productos e incluso toman la difícil decisión de despedir al personal que no esté generando su propio ingreso o siendo lo suficientemente productivo, aunque nadie comienza su empresa con el objetivo de eliminar miembros de su personal; esas conversaciones de despido son la peor parte de ser tu propio jefe.

Sin embargo, ellos saben que despedir a alguien hace parte esencial de ser un emprendedor y están preparados para tener esas conversaciones, así sean dolorosas, porque saben que el resultado va a ser una mayor rentabilidad y esta se verá reflejada en el crecimiento de su empresa. Esa es una de las diferencias entre ser un emprendedor y ser un profesional independiente.

Esa diferencia se extiende a la forma en que los emprendedores consideran sus empresas. La historia de Steve Jobs entrando al departamento de diseño de Jonathan Ive en Apple, emocionado por lo que encontraba, es conmovedora porque no podemos evitar sentir que el antiguo estudiante de caligrafía quizás habría preferido pasar sus días en esa oficina en lugar de la suya propia. Le hubiera encantado ser Jonathan Ive, diseñado bellos objetos y disfrutado de la emoción de ver sus planos maquinados, hechos y usados.

Sin embargo, Jobs era un emprendedor, no un diseñador. Su enfoque siempre estuvo en el resultado final: ¿cuánto costaría desarrollar una nueva línea de productos? ¿Cómo podría producirlos en masa con la mejor calidad y al precio más bajo posible? ¿Cuánto podría cobrar por eso cuando esté terminado? Esto le implicó moverse de un papel más creativo en favor de uno mucho más importante y poderoso. También implicó que Apple se transformara en la compañía más valiosa del mundo, capaz de convertir productos de lujo a precios de lujo en objetos al alcance de millones de consumidores.

Los emprendedores suelen tener todo tipo de razones para querer comenzar sus propias empresas. Ellos quieren encontrar múltiples beneficios en el trabajo que hacen a diario. Valoran su independencia y se sienten muy orgullosos de lo que han logrado. Pero quienes van a construir algo espectacular siempre lo hacen al entender que es el RSI el que mantiene viva a una empresa, avanzando y creando nuevas oportunidades.

35

Escuchas: "Yo también" y piensas: "No voy a participar de esto"

En una conferencia llevada a cabo en el año 2012, empresarios e inversionistas que producen dispositivos médicos se reunieron para analizar el estado de la industria. Un tema común durante todo el evento fue la falta de financiación en ese campo. Ante el interrogante, un panel de cinco gerentes capitalistas de riesgo explicó lo que estaba sucediendo: ellos estaban evitando productos innovadores y nuevos, prefiriendo poner su dinero en dispositivos que superaran con mayor facilidad los obstáculos regulatorios. A todos les habían dicho que era más probable que hubiera dinero en productos similares a los que ya se usaban.

"Estamos lloviendo sobre mojado", dijo John Friedman, Director General de Easton Capital Investment Group en un comunicado de prensa emitido por Lightstone Ventures, una firma de inversión. "Nos hemos distanciado de lo bueno del capital de riesgo, que es la innovación. Seguimos haciendo lo mismo".

Los financieros, argumentó, prefirieron invertir dinero en proyectos que mejoraban ligeramente las tecnologías ya existentes con la esperanza de que el camino hacia la aprobación de la FDA fuera más cómodo y económico. El producto también sería una compra más fácil para una empresa más grande que busca "cubrir sus bases".

Este es un problema que no se limita a la industria médica. Cualquier nueva empresa que intente hacer una propuesta ante capitalistas de riesgo no tardará en escribir en la primera diapositiva de su presentación en PowerPoint, "el Uber de..." o "el Facebook de..." o cualquiera que sea la nueva empresa del mes.

Quizás a los inversores se les pague por correr riesgos, pero aun así, ellos quieren que ese riesgo sea el mínimo posible. Cuando una empresa les ofrece un proyecto de inversión que adopta un modelo comercial que ya ha demostrado su eficacia, es mucho más fácil que ellos lo entiendan y lo aprueben, ya que pueden ver la ruta hacia el crecimiento, imaginar el mercado y saber qué tipo de puntos de referencia usarán para medir el éxito.

Más importante aún, si todo se va a pique, estarán cubiertos. Podrán señalar la inversión de muchos otros capitalistas de riesgo en compañías que fueron muy similares. Si bien siempre habrá errores en las inversiones de los capitalistas de riesgo, parte de la consideración de este tipo de inversionista siempre será cómo explicar la pérdida del dinero confiado a esa empresa. Es más fácil tener una excusa a mano cuando un producto es similar a otro que ya está teniendo éxito.

Para los capitalistas de riesgo, los verdaderos innovadores, aquellos que quieren crear algo que nadie ha hecho antes, suelen parecer las inversiones más riesgosas. No hay cómo saber si ellos lograrán abrir un mercado completamente nuevo, como lo hizo Oculus Rift con la realidad virtual, y así disfrutar de un monopolio durante unos años antes de que otras compañías se les unan. Cuando para los inversionistas es más difícil ver el camino que hay por delante, es menos probable que le den a la empresa el combustible para llegar allá.

Ese es un problema para los emprendedores. De hecho, les representa dos problemas.

El primero, es que esto significa que el camino por delante está lleno. Cuando los capitalistas de riesgo financian ideas similares, muchas compañías un poco diferentes entre sí van a competir por el mismo mercado. Con el tiempo, el campo se estrechará. Algunas firmas grandes, fortalecidas por el reconocimiento de marca, el mercadeo trasnversal y los gigantescos presupuestos, no tardarán en dominar ese campo. Otras empresas más pequeñas pueden permanecer dentro de un pequeño nicho, atendiendo un mercado limitado del cual nunca crecerán. Otras de esas pueden ser adquiridas por empresas más grandes que sienten que también deberían estar operando en ese espacio, pero no tienen el conocimiento necesario para moverse con suficiente rapidez. Y muchas empresas se darán cuenta de que las han sacado del camino. La caída de las empresas puntocom a finales de la década de 1990 contaminó la orilla del camino con los cuerpos de las empresas tipo "yo también" que gastaron todo el dinero invertido por firmas de capital de riesgo que eran adversas al riesgo.

Ya es suficientemente malo desarrollar una idea poco original en un entorno competitivo, pero hay un problema aún peor al construir una empresa tipo "yo también": el hecho de que para un verdadero emprendedor este tipo de empresas *no es interesante*. Para él, una de las mayores emociones de crear una nueva empresa es hacer algo que nadie haya hecho antes. Es la emoción que surge de soñar con un concepto y luego verlo cobrar vida.

Por supuesto, son muy pocas las ideas completamente originales. Toda empresa construye sobre lo que ha habido antes. Microsoft no inventó el sistema operativo de la computadora. Solo creó uno que podría funcionar en computadoras tanto en hogares como en negocios.

WiTricity no inventó la carga inalámbrica. Solo lo está haciendo a una escala mayor de la que nadie lo había hecho antes. Ni siquiera Apple inventó el teléfono inteligente, ni la tableta; ya ambos habían sido probados antes. Apple solo los hizo con el suficiente estilo como para volverlos deseables y el momento debía ser el indicado.

Cuando la diferencia entre lo que ya está disponible es incremental en lugar de fundamental, cuando fortalece una debilidad en el producto de un rival en lugar de crear uno casi completamente nuevo, el éxito del producto no depende del concepto. No se trata de la idea; se trata del proceso.

Para algunos emprendedores podría estar bien porque así llegan a sentirse a gusto con ganar con un mejor proceso de producción de la misma manera en que Henry Ford se contentó con vencer a sus competidores con un nuevo tipo de línea de producción. Pero la idea de Ford era grande y tan poderosa como si hubiese inventado un nuevo tipo de motor o un nuevo diseño de auto. Para la mayoría de los emprendedores, la fuerza que los impulsa desde la tabla de diseño y el plan de negocios, durante años de desarrollo y crecimiento, es hacer algo que logre cambiar al mundo o, al menos, la parte del mundo en donde ellos operan.

En la conferencia de dispositivos médicos del año 2012, John Friedman indicó que no estaba viendo una regresión a la media, sino a la mediocridad, y advirtió a las empresas diciendo que, si ven "más de cinco, media docena, una docena de empresas enfocadas en una misma área", deberían alejarse.

De vez en cuando, los inversionistas describen su falta de voluntad para invertir en más empresas tipo "yo también" y afirmarán que quieren ver ideas más originales, incluso mientras continúan ignorando conceptos innovadores. Y los empresarios continuarán huyendo de las ideas tipo "yo también" y golpearán las puertas de los inversionistas y mercados para tratar de cambiar el mundo.

36
Puedes hacer tres cosas imposibles al mismo tiempo

El 8 de abril de 2016, SpaceX envió un cohete a la Estación Espacial Internacional. Era la octava misión de reabastecimiento que la compañía había realizado, pero difería en dos aspectos importantes. Primero, llevó un nuevo módulo inflable que expandiría la estación; y segundo, después de la primera etapa, el cohete se separó del resto del vehículo, dio la vuelta y utilizando cohetes y aletas se autodirigió para aterrizar en posición vertical sobre una plataforma robótica en medio del Océano Atlántico.

Era la segunda meta imposible que el propietario de SpaceX, Elon Musk, había logrado en poco más de una semana. A fines de marzo, su compañía automotriz, Tesla, había anunciado el lanzamiento de su automóvil eléctrico Model 3. Al final de la semana, la compañía había acumulado 325.000 pedidos anticipados, lo que permitió que la compañía dijera que, en una semana, había hecho "el lanzamiento más grande de cualquier producto".

Y si hacer dos cosas imposibles en una semana no fuera suficiente, Musk también hace parte de una compañía de energía solar y está tratando de desarrollar un hipercircuito de transporte único entre San Francisco y Los Ángeles.

Pocos empresarios se han fijado metas tan ambiciosas como lo ha hecho Elon Musk. Y menos son las que han logrado, aunque sea una de ellas; y mucho menos, los que han alcanzado dos en cuestión de diez días.

Todo emprendedor debe hacer cosas que para otros serían imposibles. En *Harvard Business Review*, Anthony Tjan, escritor y capitalista de riesgo, afirmó que los directores ejecutivos en etapas iniciales tienen tres tareas importantes que completar en una empresa: planificar, vender y ejecutar. Cada una de estas tareas, sostiene él, requiere de diferentes tipos de mentalidad.

Para la planificación a gran escala, los emprendedores deben estar en capacidad de desarrollar una idea general de la dirección en la que quieren que vaya la empresa. Sin adentrarse demasiado en los detalles, deben construir un propósito claro y establecer las prioridades para alcanzarlo mientras ganan espacio para ajustarse según las investigaciones de mercado y las opiniones de los clientes.

La primera tarea imposible de los emprendedores es ser arquitectos del futuro, imaginar un negocio y un producto que aún no se haya creado.

La segunda tarea imposible es compartir esa visión con otros y entusiasmarlos tanto como lo están ellos mismos. Deben persuadir a los inversionistas escépticos de que su magnífica idea es realizable y que ellos son los únicos que saben cómo hacer para que eso suceda. Además, necesitan generar un sentido de orgullo entre sus empleados para que estén ansiosos por seguir construyendo y quieran seguir trabajando, no solo por el dinero, sino por la sensación de logro que traerá consigo el hecho de terminar el proyecto de forma exitosa.

También deben convencer a los compradores de que el producto que ellos ofrecen es la mejor solución a sus problemas. Así no estén en el frente de batalla, guiando a los compradores hasta los estantes y poniéndoles el producto en las manos, los emprendedores necesitan decidir qué mensajes tienen más probabilidades de persuadir y cuáles serán esas campañas que los transmitirán.

Por último, la tercera tarea imposible es la ejecución en sí misma, la cual hace la diferencia entre el propietario de una empresa y el propietario de un sueño. La ejecución es lo que hace la verdadera diferencia, pues se trata de tomar esa tarea que viene con un plano o un manual y convertirla en un producto o servicio tangible. Los emprendedores necesitan estar en la capacidad de identificar por sí mismos cuáles son aquellos pasos necesarios para comenzar a construir su idea.

El proceso es diferente para cada negocio, así como el desafío para cada proyecto. Los problemas nunca se repetirán y siempre requerirán de soluciones completamente nuevas y creativas. Toda idea de negocio exitoso comienza siempre con tan solo una noción y termina con un producto o servicio que los clientes usarán, tocarán y sentirán. Por lo general, es una idea que termina mejorando la vida de sus usuarios.

Cada una de esas tareas es imposible. No son como compilar listas de clientes potenciales para cargar a Salesforce, ni como escribir un texto publicitario que mejorará las tasas de respuesta. A lo largo de sus carreras, los diseñadores de páginas de internet construyen miles de sitios con sus páginas acompañantes; parte de su rutina diaria es que les pidan producir otra. Tienen procesos que pueden seguir y modelos para copiar. Es factible.

Lo que hace un emprendedor es único. Incluso los emprendedores en serie, aquellos que construyeron empresas, las vendieron por grandes sumas de dinero y luego comenzaron otra empresa, entienden que su experiencia solo los llevará hasta un punto determinado. Dos empresas nunca serán iguales. Ninguna solución que hayan usado para resolver un problema en una empresa anterior se ajustará con precisión a los desafíos que le plantea la próxima. Cada empresa requerirá su propio conjunto de normas y cada emprendedor siempre tendrá que crear un plan completamente nuevo y esbozar una ruta para su construcción.

Tendrá que encontrar nuevos mensajes de mercadeo, usando a menudo procesos diferentes a los que creó antes, cuando vea que los últimos que usó no encajan. Necesitará persuadir a diferentes inversionistas para que le proporcionen fondos, al igual que a la mayor cantidad de clientes posible demostrándoles que él les tiene la solución a un problema específico, muy diferente a uno que ya resolvió con éxito en el pasado. Estará dirigiendo un equipo diferente, guiando a los miembros hacia un objetivo diferente, utilizando incentivos diferentes y luchando contra un conjunto de políticas diferentes, mientras llega a entender un conjunto de habilidades diferentes.

Todo esto es imposible de hacer. Sin embargo, los emprendedores lo hacen a diario. Sueñan y planifican, presentan sus ideas y comunican, construyen y motivan. Pueden hacer todas esas cosas en un solo día, luego se levantan y vuelven a hacerlo al día siguiente.

Y cuando lo hayan hecho una vez, volverán a empezar de nuevo.

Construir una empresa exitosa no es una gran ciencia. Es más imposible que eso.

37

Haces tu tarea

Todo emprendedor sabe lo que es tener la que él cree que es una idea brillante, contársela a un amigo y ver cómo a él se le nubla la mirada y le pregunta de qué habla. Luego, ante esa reacción, no le queda otra que preguntarse por qué su amigo no está saltando de emoción, ni suplicándole que le permita ayudarle a hacer realidad semejante genialidad. Así que termina yéndose y, al meditar en el asunto, se da cuenta por convicción propia que su amigo tenía razón al preguntarle de qué estaba hablando. La idea *era* mala y por fortuna él lo descubrió antes y no después de haber invertido un año de su vida y quizás un millón de dólares implementándola.

Otra experiencia segura en la vida de los emprendedores consiste en invertir al menos un año de su vida, si es que además no invierten cantidades inmensas de dinero, en una idea que tal vez gustó entre sus amigos, pero que, de todas formas, no prosperó.

Por lo general, este tipo de fracasos se debe a que solo hay un juez que determina con certeza si una idea de negocio funciona. Ese juez es el mercado. Es el cliente el que tiene un voto real y solo él le hará saber al emprendedor si su idea vivirá o morirá, resolverá su problema o, por el contrario, se convertirá en un problema. El cliente es el verdadero maestro del emprendedor.

Los emprendedores hacen sus deberes. Confían en su instinto, pero creen en la investigación. Recopilan los datos de sus encuestas, hacen pruebas y revisan las cifras que les indicarán si su idea tiene una buena base o no.

Los beneficios que aporta la investigación de mercado son enormes. Haz las preguntas correctas y sabrás a ciencia cierta no solo si existe una demanda para un producto como el que deseas lanzar al mercado, sino también cuántos clientes estarían dispuestos a pagar por él. A veces, esas cifras tienden a ser más altas que el precio que pensabas cobrar y, también a veces, resultan demasiado bajas para que sea rentable producirlo. De cualquier manera, esa es una información que conviene conocer antes de comenzar a trabajar en el producto.

Los datos de soporte también tienen su "lugar de honor" en cualquier presentación ante inversionistas. Una cosa es decir que a la gente le encantará tu producto y otra muy distinta es presentar cifras reales que demuestren que lo que dices es cierto.

La investigación de mercado te arrojará todo tipo de información que quizá nunca hayas considerado; por ejemplo, cuál es la mejor plataforma de redes sociales para interactuar con tus clientes potenciales o cuáles son los accesorios que ellos preferirían comprar. Una buena investigación de mercado proporciona inteligencia vital para cualquier empresa, razón por la cual los emprendedores nunca se saltan este paso.

La investigación primaria de mercado se hace de cuatro formas. La primera, consiste en las encuestas que se les hacen a los transeúntes que salen de las tiendas o de sitios de internet con el fin de pedirles su opinión. La segunda, es el trabajo de campo en el sitio, la cual recopila información sobre la ubicación de la empresa y la facilidad de acceso para los clientes. La tercera, son las entrevistas realizadas en persona o por teléfono; estas suelen revelar los gustos, así como las inconformidades y preferencias de los clientes. Y la cuarta, son los grupos focales; consiste en hacer grupos de entre ocho y 20 personas dispuestas a probar un producto o a discutir una idea mientras que un investigador toma nota de sus respuestas.

Todos esos métodos arrojan información valiosa. El problema es que son costosos. Las grandes empresas tienen los recursos para pagarles a las firmas encuestadoras con el fin de encuestar a los compradores en los supermercados y realizar sesiones de grupos focales en estudios, pero esto se debe a que ellas tienen bolsillos llenos de capital y grandes presupuestos para el renglón de mercadeo. La investigación primaria es muy valiosa, pero también es un gasto que suele superar el presupuesto de una compañía naciente y que todavía está preparando su presentación ante los inversionistas.

Las nuevas empresas suelen tener que depender de investigaciones secundarias. Estas son encuestas realizadas por otras empresas, a menudo consultoras, que desean crear la imagen instantánea de cierto mercado. Obviamente, no responden a las preguntas específicas que el emprendedor principiante quisiera formular, pero le dan una idea de lo que el mercado quiere.

Por lo general, esa clase de datos se encuentra en los sitios de internet de grupos defensores de la industria, en algunos sitios web del gobierno y en documentos genéricos ofrecidos por compañías de investigación. Se producen para promover el interés del patrocinador, pero incluso las encuestas gratuitas también generan información útil, aunque es innegable que los informes que cuestan cientos e incluso miles de dólares valen la pena mucho más.

Hacer esa investigación es una etapa esencial en el proceso de desarrollo de cualquier negocio nuevo. Los emprendedores saben que el simple hecho de tener una gran idea no significa que esta sea rentable. Por eso, necesitan tener la certeza de que los clientes realizarán la compra y que esta será a un precio y a una tasa que hagan que el negocio sea rentable.

Sin embargo, hay otro aspecto de la investigación de mercado que los empresarios evitan. Hacer investigaciones siempre es emocionante, es un tiempo fascinante, pues estás aprendiendo mucho sobre el mercado y la industria; estás reuniendo todo tipo de información y obteniendo una imagen detallada de lo que la empresa necesita hacer y cada informe que lees te aporta algo nuevo; cada encuesta te revela más información y te proporciona una nueva perspectiva; cada nueva hoja de cálculo de Excel se puede manipular y contar hasta exprimirle la mayor cantidad de secretos. Y todo esto te genera más preguntas cruciales.

La investigación de mercado puede ser adictiva para un emprendedor apasionado por su industria, como debe serlo todo emprendedor. Nada más te informará tanto sobre tu materia favorita y siempre habrá más por aprender. Sin embargo, ningún informe responderá a todas tus preguntas, así que siempre tendrás la sensación de necesitar un poco más de información para llenar algún vacío.

El riesgo es que toda esa investigación llegue a remplazar a la acción y que, en lugar de construir, leas; en lugar de contratar, compres otro informe; en lugar de crear un producto mínimo viable, optes por otra hoja de cálculo masiva. Este es un fenómeno sicológico bien conocido. Es lo que sucede cuando tienes miedo; cuando el riesgo es muy grande y estás postergando.

Los emprendedores saben que deben hacer estudios de mercado antes de comenzar a trabajar en su proyecto. Pero también saben cuándo la investigación debe detenerse y el trabajo debe comenzar. Y lo hacen.

PARTE 5

Las metas

En teoría, todo emprendedor debería tener la misma meta: hacerse rico. Para cualquiera que *no sea* un emprendedor, ese es sin duda el objetivo ideal. Todos los líderes empresariales exitosos son recompensados con enormes cantidades de dinero que les permite comprar viviendas grandes, sitios vacacionales y costosos autos o lo que le guste a cada emprendedor; al menos, eso es lo que a menudo vemos al observar a los emprendedores exitosos.

Sin embargo, si bien ese estilo de vida incluye lujos, estos no son los principales beneficios de una vida de emprendimiento. En ese caso, los empleados también toman vacaciones en lugares hermosos. Y no todos los que conducen un Porsche o un Tesla han fundado una empresa y se la han vendido a Google. Y las casas grandes pueden ser magníficas, pero si estás en la oficina durante una docena de horas al día y viajando durante varios días al mes, una casa más acogedora tiende a ser un mejor refugio al cual llegar después de largas jornadas laborales y mucho más durante los fines de semana. Allí disfrutarás de más paz y tranquilidad junto a tu familia.

Los emprendedores tienen muchas cosas, pero rara vez, mucho tiempo; así que, si el objetivo de construir una empresa giraba solo en torno a la riqueza, muchos de los empresarios más exitosos tendrían que contarse entre los mayores fracasados del mundo.

De hecho, los objetivos y las motivaciones de un emprendedor suelen ser más simples y más difíciles de comprender.

Los emprendedores quieren cambiar el mundo. Quieren construir sus sueños. Y quieren ganar.

38

Quieres agitar
el estado de las cosas

¿Qué ha fabricado BMW últimamente? Ha lanzado nuevos modelos, algunos de los cuales tienen ciertas características radicalmente nuevas. Por supuesto, lanzó el BMWi8, con el pequeño motor turboalimentado de tres cilindros y tracción trasera. El i3 es eléctrico en su totalidad. La tecnología Active Assist de la compañía hace un poco más cercanos los autos que son autónomos.

Ambas maniobras son dramáticas y en ambas el gigante automovilístico es seguidor, no líder. Tesla, una compañía fundada 13 años antes del centenario de BMW, sigue siendo líder en autos eléctricos. Google, una empresa que depende de las búsquedas en internet, ha estado estableciendo el estándar para autos autónomos.

Eso no es inusual. Cuando una empresa grande ha estado haciendo algo bien y ha tenido éxito durante mucho tiempo, se vuelve conservadora. Usa una fórmula que funciona, así que no ve razones para cambiarla. Si tiene un producto o un servicio que está teniendo un buen desempeño, ¿por qué arriesgarlo todo en uno nuevo?

Si estás ganando en un juego, ¿por qué cambiar? Esperar a que una empresa del tamaño de BMW cambie la forma en que las personas conducen sus automóviles y cree un mercado automotriz completamente nuevo es como esperar que Novak Djokovic salga a la cancha de tenis con una raqueta doble y dos cabezas cuadradas. Él conoce las reglas y las domina. ¿Qué podría ganar cambiándolas?

Es por eso que los cambios que realizan las grandes empresas tienden a ser incrementales. Bajo la presión de los legisladores, hoy en día los motores de los automóviles están tendiendo a volverse un poco más ecológicos y, después de ver crecer las ventas de estos tipos de autos utilitarios, las compañías han comenzado a pedirles a sus diseñadores que hagan autos un poco más amplios. Pero en general, lo que cambia es muy poco.

En otras palabras, sí es cierto que los automóviles son más rápidos, más cómodos, más fáciles de conducir y mejor fabricados que los que salían de las cintas transportadoras de Ford a principios del siglo pasado, pero los fundamentos siguen siendo los mismos, al igual que sus logotipos, que también han cambiado muy poco. Todos los principales fabricantes de automóviles son marcas ya venerables; son las mismas antiguas empresas que se benefician de hacer más o menos lo mismo que siempre han hecho.

Cualquiera que sea el espíritu revolucionario que una vez las llevó a la industria, ellas se han ido por el mismo camino que el fundador de la compañía. Las juntas que las dirigen ahora están conformadas por profesionales expertos en liderar empresas y no por quienes las crearon. La junta de supervisión de BMW está dirigida por ingenieros que se fueron abriendo paso dentro de la compañía hasta alcanzar cargos de gran responsabilidad y no por emprendedores que crearon otras empresas.

Se necesita un emprendedor para hacer grandes cambios, para detectar una situación que beneficie a unos pocos jugadores gigantes y encontrar una oportunidad para un recién llegado ágil. Se necesita la visión de un emprendedor para detectar esa posibilidad, junto con su coraje y confianza para actuar en consecuencia, ya que ese es un movimiento difícil de hacer, puesto que esas grandes compañías se han enriquecido en una industria que no cambia y tendrán las redes, las conexiones, la infraestructura y el presupuesto de mercadeo para mantener alejados a los competidores. Y si fuera posible que un nuevo competidor pudiera hacer un gran avance, ellas también tendrían el dinero para comprarlo y destruirlo.

Microsoft creció rápido al cambiar la forma en que las personas usaban las computadoras, pero se mantuvo grande al usar su posición para evitar que otros competidores instalaran su propio software. Bill Gates tuvo la innovación de un emprendedor, pero cuando su compañía dominó su campo, él se aseguró de que ese campo no cambiara. Así es como las grandes compañías se mantienen grandes.

Mark Zuckerberg está haciendo ambas cosas. Por un lado, siempre que una empresa de redes sociales parece tomar una cuota de mercado con un servicio rival, actúa rápido para tratar de sofocarla. Él observó que el contenido de video sería más importante que el texto, así que ofreció $3.000 millones de dólares por Snapchat, un servicio de contenido de video sin ingresos. Evan Spiegel, fundador de Snapchat, es un emprendedor de pies a cabeza y rechazó una suma de dinero que podría haberle permitido vivir una vida de lujo, prefiriendo la posibilidad de crear un cambio. Él está decidido a continuar construyendo su servicio y a cambiar la forma en que las personas se comunican. Por esta razón, desde ese momento Facebook lanzó un servicio rival. Y sin importar quién gane, Spiegel habrá marcado la diferencia.

Sin embargo, al mismo tiempo podemos ver el espíritu emprendedor de Zuckerberg en su liderazgo con la realidad virtual. Logró comprar Oculus Rift, una adquisición de $2.000 millones que dejó a muchos observadores rascándose la cabeza. Si bien Zuckerberg quiere mantener a Facebook en la cima de las redes sociales, le agrada seguir cambiando la forma en que las personas consumen el contenido que se comparte a través de ese medio.

Él ve la realidad virtual como el futuro y ahora está usando todo el poder que Facebook ha reunido para hacer que suceda. Debido a que es una dirección que se complementa, en lugar de competir con una forma de hacer las cosas que ya han tenido éxito, puede seguir presionando y cambiando la escena de Facebook. Ahora, Zuckerberg se ha acercado y tentó a Snapchat en octubre de 2016 con $5.000 millones. Él tiene un plan y mantiene la mirada en sus objetivos.

En el caso de quienes han ascendido en las empresas hasta llegar a la oficina principal, la vida ha sido buena con ellos. Estudiaron bien, trabajaron duro y ganaron las recompensas que merecían. Ellos son una muestra de que el *statu quo* funciona y por eso no hay necesidad de cambiarlo. Sin embargo, ese modelo de negocios en sí mismo está comenzando a cambiar y tiene una posibilidad de supervivencia mucho menor de la que solía tener.

Un emprendedor proviene de afuera del *status quo*. Para entrar a una industria, debe derribar muros y derrotar a los defensores. Tiene que ser creativo y no teme aplastar y quemar todo lo que se interponga en su camino o le obstruya el avance. De hecho, eso hace parte de la diversión.

El verdadero desafío viene después de la batalla, cuando él ha terminado de cuestionar la forma en que siempre se han hecho las cosas y toma medidas para mejorarlas. ¿Qué hace un emprendedor cuando triunfa y escucha a otro emprendedor golpeando sus muros? No se queda sentado, eso es seguro. Innova, innova, innova, repite, pivotea y hace lo que tiene que hacer para ganar.

39

Vives por el sueño

Shopify se tardó tres años, es decir, 36 meses después de que Tobias Lütke y sus cofundadores lanzaran un sitio de internet para ayudar a los comerciantes a crear tiendas en línea, para ver su primer flujo de efectivo positivo. Esos tres años los financiaron tomando dinero de inversionistas ángeles, solicitando subsidios del gobierno canadiense y no cobrando sus propios salarios como fundadores.

Una empresa puede seguir haciendo eso siempre que los inversionistas y otros estén dispuestos a invertir dinero y mientras los fundadores estén dispuestos a postergar el momento en el que necesiten comprar un automóvil nuevo o comer algo que no sean fideos, comida para llevar y cereal al desayuno.

Una regla de oro es que, en el primer año de una empresa, el fundador ganará menos (y, a menudo, mucho menos) de lo que ganaba como asalariado el año anterior. Cualquier ingreso irá directamente a la empresa para pagar su expansión. En su segundo año, si tiene suerte, ganará el mismo dinero que ganaba con más seguridad un par de años antes. Si todo va bien, el tercer año será el primero en que sentirá que está avanzando, que tiene más ingresos de los que solía ganar y que participa en una empresa cada vez más valiosa.

La línea de tiempo del éxito varía de empresa a empresa. El objetivo de cualquier empresa nueva siempre es remplazar los ingresos que provienen de los inversionistas y las subvenciones con ingresos procedentes de las ventas. Es la única forma de crear sostenibilidad. La cantidad de tiempo que una empresa puede sobrevivir hasta alcanzar ese momento dependerá de la cantidad de dinero que los inversionistas estén dispuestos a aportar y de cuánto tiempo ellos y el resto del personal directivo estén dispuestos a esperar para ver las recompensas de los riesgos que han corrido.

Entonces, ¿de qué viven los emprendedores mientras esperan que sus empresas se vuelvan rentables?

Se las arreglan con un par de cosas. Viven con la comida más barata y más rápida que puedan comprar y preparar para no desperdiciar dinero en comestibles, ni perder tiempo cocinando cuando podrían estar trabajando en cifras de bases de datos sin desplomarse de hambre. Este período de desarrollo de una empresa se denomina "rentabilidad de pastas ramen", por una razón.

Es un momento en el que la empresa está generando el dinero suficiente para darles a sus fundadores un nivel de vida mínimo sin que ellos tengan que recurrir a un empleo regular, ni a un segundo empleo, y que termina con emprendedores jurando que nunca volverán a comerse otro plato de fideos de ramen. Ese avance se da después de que ellos han trabajado en su compañía durante su tiempo libre, pero todavía están a un paso del momento en que sentirán que en verdad han alcanzado el éxito. Es un tiempo difícil, pero los emprendedores exitosos persisten.

Los emprendedores también viven de otra cosa, algo mucho más poderoso y mucho más nutritivo que un plato de fideos: viven de su pasión, su emoción y su impulso.

Toda idea emprendedora comienza con una chispa. A veces, cuando la idea es débil, esa chispa se apaga, pero se enciende por momentos. Crece, se enciende y se convierte en un deseo ardiente. Sin embargo, desde el momento en que un emprendedor comprende que tiene una idea que de verdad va a crecer, queda enganchado y consumido por el proyecto en el que está trabajando. Sabe que tal vez hoy no verá el resultado, que pasarán años antes de tener su producto en las manos y que requerirá de más tiempo para tener sus primeros clientes, pero también sabe que esta es su gran oportunidad, que es el concepto que le permitirá marcar la diferencia. Por lo tanto, sabe que vale la pena hacer sacrificios a corto plazo por ver su proyecto realizado.

El problema viene cuando la pasión nubla el juicio. El deseo no remplaza a la capacidad y el entusiasmo no es una alternativa a una fría evaluación de riesgos. El tamaño del éxito de una empresa no es proporcional al grado de pasión que sus fundadores sintieron al iniciarla y que todavía sienten un año después de haberla lanzado. De lo que depende es de desarrollar una visión clara y tomar decisiones inteligentes, ninguna de las cuales tiene nada que ver con la pasión.

Uno de los peligros de vivir de la pasión es que nubla la visión del emprendedor ante los problemas que enfrenta la empresa y por ende termina en problemas. Es demasiado tentador creer que una idea tan buena no fallará cuando es claro que la compañía va directo hacia el suelo (y la versión de otra persona con la misma idea está tomando vuelo).

En Shark Tank encontrarás algunos muy buenos consejos y tendrás perspectivas muy interesantes. Otras, las encontrará el mismo emprendedor mientras observa cómo algunos tontos se aferran a algo patético, pero tienen tanto ímpetu y pasión, que NO lo podrán creer cuando les digan que la idea es horrible. Un emprendedor debe estar en capacidad de vadear todos los consejos, pero aun así tendrá que vadear.

La pasión tiene que ser lo suficientemente fuerte como para superar esos meses e incluso años en que las ganancias son mínimas. Debes tener suficiente energía para que puedas sentir el resultado final cuando todavía falten años para hacerlo realidad. Tu pasión es la que te sostendrá cuando el dinero sea escaso y el tiempo para pasar con amigos y familiares sea cada vez menos. Eso es lo que te hace sentir que tienes $1 millón de dólares mientras cualquiera que te observa desde afuera se pregunta qué rayos crees que estás haciendo y durante cuánto tiempo piensas hacerlo. La pasión no es todo lo que se necesita para llegar a dónde quieres ir, pero es *esencial* llegar a dónde quieres ir.

Existen periodos en la vida de cada emprendedor durante los que él tiene que dedicarle una cantidad excesiva de tiempo a construir, planificar y prepararse, ganando apenas suficiente dinero para comprar un café con leche por la mañana. En esos momentos, es la pasión la que lo mantiene en marcha; esa es la que le permite ver más allá de sus habilidades y avanzar a punta de perseverancia.

40

Quieres ganar, pero no temes perder

A la edad de 40 años, Bill McCloskey trabajaba en ventas para SoftImage, fabricantes del software de animación 3D que se usó en películas como Jurassic Park. Myst era el videojuego del momento y, por primera vez, los críticos comenzaron a ver a la industria de los videojuegos como un rival, o un socio, de Hollywood.

En una publicación de su sitio de internet, OnlyInfluencers. com, una comunidad para mercadeo por correo electrónico, McCloskey explicó cómo desarrolló su pasión por la nueva industria. "Me obsesioné con estos juegos. Ahora, ESTO era algo que podía verme haciendo", dijo. Memorizó los nombres de todos los que habían ayudado a producir sus juegos favoritos y comenzó a pensar en su propia idea de juego. "Dreamland" se basaría en el Infierno de Dante y sería pesado en la historia y el guion.

Su trabajo en la industria 3D lo llevó a conocer a muchos de los desarrolladores que necesitaba conocer. La suerte le aportó contactos en Hollywood. Una habilidad especial para presentar ideas le permitió hacer acuerdos con personas talentosas para que trabajaran con él. Los capitalistas de riesgo acordaron pagarle la mitad de un salario, sin darse cuenta de que ese medio salario era más que su salario completo en ese momento, y, en 1994, cerró un acuerdo de desarrollo con Microsoft. McCloskey renunció a su trabajo y se preparó para comenzar a construir el proyecto de sus sueños para su propio negocio.

Luego, todo salió mal. Steven Spielberg, David Geffen y Jeffrey Katzenberg formaron Dreamworks y esta comenzó a trabajar con Microsoft, pero solo con la condición de que la empresa de software cerrara su propia división de juegos. Las cifras de ventas de los videojuegos de Navidad se publicaron y resultaron ser terribles. Los inversionistas cerraron sus billeteras. El dinero se agotó y para finales de 1995, McCloskey se encontró sin trabajo, sin un centavo, con dos hijos menores de seis años y una esposa que acababa de ser diagnosticada con cáncer.

Era lo más profundo y bajo a lo que alguien podía llegar, y suficiente como para querer evitarlo. Pero él lo superó. Su esposa se recuperó. Creó eDataSource, que ahora es un exitoso proveedor de servicios para comerciantes por correo electrónico. McCloskey es un colaborador habitual de Reddit, ayudando a otros empresarios a aprender de sus errores.

Reúne a cualquier grupo de empresarios exitosos y escucharás un montón de historias sobre la creación de empresas, la motivación y la obtención de dinero. Escucharás maravillosos consejos sobre cómo encontrar clientes y alcanzar los objetivos. Será un material valioso que ayudará a cualquier emprendedor a dejar huella.

Si de verdad quieres escuchar grandes historias, aquellas que te hacen pensar y volver a pensar, pregúntale a un emprendedor exitoso, no sobre sus éxitos, sino sobre sus fracasos, porque ningún emprendedor lo logra en el primer intento. O, si su primer negocio despega, por lo general, es su segundo, tercero o cuarto intento el que hace que su nombre sea memorable. Los desafíos son los que revelan las oportunidades y los fracasos los que brindan las lecciones que permiten mejorar en el siguiente intento.

Los emprendedores saben que el fracaso es inevitable. Quieren ganar, *tienen* que ganar, pero saben que deben perder antes de lograr una victoria final. Así como cada nuevo atleta tiene que competir con deportistas mejores que él, y estos lo derrotarán hasta que aprenda de los demás y tenga la fuerza suficiente para hacerlo mejor, de esa misma manera, la pelea será épica. Los emprendedores crearán empresas que caerán ante sus competidores. Y habrá momentos en los que no lograrán alcanzar la línea de meta.

Si bien todo empresario odia perder, ningún empresario exitoso *tiene miedo* de hacerlo o *no está dispuesto* a perder.

Eso no significa que perder no es doloroso. Cada vez que una empresa se derrumba, un sueño muere con ella. Años de trabajo, planificación y sacrificio se van junto con el dinero de los inversionistas y el tipo de inversión emocional que solo un fundador puede proporcionar.

Sin embargo, el fracaso rara vez es repentino. Por lo general, se hace evidente meses o incluso años antes de tener que tomar una decisión final. El número de clientes disminuye, las ganancias bajan, los competidores comienzan a comerse tus ingresos o los inversionistas se muestran reacios a abrir sus billeteras. Las empresas suelen morir lentamente, dando así tiempo suficiente para que los emprendedores acepten el final y hagan ajustes o decidan terminar el dolor con rapidez.

Siempre hay un período entre el comienzo del problema y el comienzo del final en el que se hace claro que las cosas no van a funcionar en esta ocasión. Eso no solo te da tiempo para aceptar la derrota. También es una oportunidad para empezar a pensar en alternativas. Porque eso es lo que hacen los emprendedores. Pueden trabajar en una gran idea a la vez (a menos que sean Elon Musk), pero siempre tienen otras ideas, los planes B, C, D y E guardados para su custodia.

Tan pronto como un emprendedor puede ver que el Plan A no funciona, esas nuevas ideas comienzan a aparecer. Como en esta ocasión hay más para poner sobre la mesa, a esas ideas se les pueden agregar las lecciones aprendidas al tratar de crear el Plan A y el emprendedor iniciará ese emprendimiento siendo más fuerte, más inteligente y teniendo mejores posibilidades de éxito.

Ser emprendedor significa vivir con una naturaleza competitiva. Significa odiar perder cuando otras personas pueden encogerse de hombros y marcharse. Significa vivir con el impulso para llegar primero y la incapacidad para aceptar el segundo lugar. Pero también significa aceptar que el segundo lugar está a un paso del primero y que la única manera de alcanzar el éxito es un paso a la vez.

PARTE 6

El estilo de vida

El resultado del arduo trabajo de un emprendedor debe ser un cambio en su estilo de vida. O no. Warren Buffett sigue viviendo en la misma casa de en Omaha, Nebraska; la misma que compró en 1958 por $31.500 dólares. Hoy, esa propiedad vale aproximadamente $260.000 dólares. Es una compra bastante pequeña para alguien de quien se dice que tiene un patrimonio de $39 mil millones de dólares.

No todos los empresarios son tan modestos. Richard Branson tiene su propia isla en el Caribe que utiliza tanto para retiros de negocios como para vacaciones familiares lejos de miradas indiscretas. El estilo de vida que un emprendedor puede elegir vivir cuando ha logrado su objetivo principal de construir la empresa que desea dependerá de sus gustos y de su propio estilo personal. Pero las formas en que ellos viven mientras construyen sus negocios tienden a tener mucho en común.

Los creadores de empresas de la actualidad tienden a tener un código de vestimenta similar y sencillo, en especial los que trabajan en el campo que hizo del suéter negro de cuello de tortuga, la camiseta naranja y el suéter gris con capucha parte del uniforme empresarial. Ellos trabajan durante las vacaciones porque ese es el mejor momento y el más tranquilo para hacer las cosas. Conocen la jerga de los negocios, así como su industria y evalúan cada ubicación, desde cafés hasta habitaciones, en función de su capacidad para permitirles concentración, así como electricidad y una conexión wifi rápida.

Quizá no duerman tanto como deberían, o al mismo tiempo que todos los demás, pero han encontrado sus propias herramientas para hacer las cosas de forma rápida y eficiente, y saben el valor del tiempo... y ese valor no es algo que se pueda medir en dinero.

Sobre todo, su estilo de vida está lleno de actividad. Los emprendedores, más que nada, hacen que las cosas sucedan porque están ocupados.

41

Tu traje es una camiseta y tu etiqueta favorita es un logo

En enero de 2016, cuando Mark Zuckerberg regresó al trabajo su primer día después de la licencia de paternidad, publicó una foto de su primera decisión difícil. "¿Qué debería ponerme?", escribió debajo de una foto de su armario. Tenía nueve camisetas grises idénticas y ocho suéteres grises idénticos y un poco más oscuros.

Quizá la decisión más difícil que el fundador de Facebook deba enfrentar en la oficina no sea qué color de camiseta ponerse, pero retrocede unos pocos años, y el armario del ejecutivo de cualquier firma, en especial si es una que vale más de $325 mil millones, se habría visto muy diferente: trajes a la medida, camisas almidonadas, mancuernas de fraternidad y un estante de corbatas tan largo como un par de brazos. No fueron solo los muebles y las actitudes hacia las mujeres lo que hizo que los *Mad Men* de la televisión parecieran otro mundo, sino los finos trajes que usaba cada uno, incluso cuando se relajaban el fin de semana.

Esos días son del pasado. Quizá los banqueros y los abogados tengan que abotonarse toda la camisa y recordar cómo atar un nudo Windsor, pero los que dirigen sus propias empresas lo único que tienen que hacer es que establecer sus propias reglas. Hacer a un lado la chaqueta y la corbata no es solo una manera de estar más cómodo. Es una forma de declarar que el usuario es el jefe. Nadie les dice cómo vestirse y todos los demás tienen que cambiar para adaptarse a *su* estilo relajado.

Puedes culpar (o agradecer) a Steve Jobs. Fueron sus cuellos de tortuga de marca registrada los que establecieron la fórmula para los ejecutivos en jefe que crean los entornos en los que trabajan. Pero Jobs no siempre usó suéter negro y jeans azules. Busca bien entre las imágenes de Jobs en Google y encontrarás algunas imágenes de él en camisas y trajes, e incluso con corbatín. Ese atuendo de dos piezas podría haber comenzado como una opción cómoda, pero cuando se convirtió en parte de su marca personal, Jobs no lo dejó. ¿Quién sabe? Tal vez ni siquiera le gustaba, pero era su "marca".

Todos los demás lo han seguido. Hoy en día, el uniforme del experto en computadoras suele ser la camiseta y el suéter de sudadera con capucha. Cualquiera que se vista de otra forma en Silicon Valley tendrá sobre sí tantas miradas extrañas como las que Lady Gaga recibiría en el piso de la Bolsa de Nueva York. Eso no quiere decir que esto no cambiará. Y si cambia, también lo harán todos los demás.

Hoy, cuando un emprendedor abre su armario, quizá no encuentre muchas camisetas grises idénticas, pero es probable que encuentre muchas otras camisetas. Algunas habrán sido escogidas en festivales como SXSW. Otras mostrarán el nombre o el logotipo de su empresa. Y algunas, sin duda, mostrarán los nombres o logotipos de compañías anteriores que él ha creado. El uniforme del emprendedor actual es una combinación de tarjeta de presentación, contactos de red y currículum.

Pero esas camisetas y jeans todavía hacen parte de un uniforme. Son lo que se espera que los emprendedores usen mientras construyen sus empresas. Son prendas que cuestan poco dinero, no toma tiempo elegirlas y son fáciles de usar. Pero ¿qué sucede cuando un empresario llega a un punto en el que ya no necesita trabajar?

Algunos no paran. Ni Larry Page, ni Sergei Brin tenían un estilo particular cuando estaban construyendo Google. Y ahora que están menos involucrados en el funcionamiento cotidiano del negocio, eso no ha cambiado. Sin embargo, Jack Dorsey se ha dado a conocer por el hecho de desarrollar un nuevo gusto en trajes de diseñador (así como por el cabello facial hípster) y Elon Musk aparece en las páginas de estilo de las revistas de moda. Un perfil en Vogue describió su camiseta negra y jeans, y lo comparó con Tony Stark en *Iron Man.* (Robert Downey Jr. se reunió con Musk para hablar sobre el papel y el multimillonario hizo un cameo en la película. Su fábrica incluso fue utilizada como la guarida del villano en *Iron Man 2*). No importa lo que Musk haya usado cuando ayudaba a crear PayPal, su primer negocio exitoso, hoy se viste con cualquier tipo de ropa y no teme usar lo que usa o usar lo mismo. Parece que dijera: "Uso lo que sea".

Si eso lo hace diferente a la mayoría de los emprendedores, es porque él ha ido más allá de la mayoría de ellos. Él ya construyó un negocio exitoso. Ya hizo su fortuna. No necesita ganar más dinero y su principal motivación ahora es cambiar el mundo para bien: terminar con la dependencia de los combustibles fósiles; colonizar el espacio. El deseo ardiente que podría haber sentido al comienzo de su viaje empresarial ha sido remplazado por la sensación de responsabilidad que surge cuando tiene dinero, tiempo y la capacidad de hacer que el cambio suceda.

Incluso Mark Zuckerberg puede no estar allí todavía. Aún está trabajando en el negocio que comenzó en la universidad y por eso todavía se viste como si no hubiera salido de la universidad. Si el mundo empresarial tiene un uniforme es porque ese primer negocio es realmente un tipo de escuela donde los emprendedores aprenden cómo convertir una idea en producto y un producto en ventas.

El hecho es que ellos están dispuestos a usar prendas que requieran poca atención y que se ajusten a la apariencia que se les exige, pero una vez que han alcanzado el éxito y se han graduado a la siguiente etapa de la vida, usan lo que quieran. En los últimos años, incluso hemos visto a Zuckerberg vistiendo traje, aunque por lo general es azul o gris como el color de la camiseta. Es bueno saber que hasta Zuckerberg puede usar un traje si así lo desea. En realidad, no le está impuesto, pero él sabe cuándo ser elegante y qué atuendo es elegante, para qué día es mejor el traje o la camiseta o *la camiseta con el traje*. ¿Entiendes lo que queremos decir?

Como empresario, debes distinguir entre qué atuendo es elegante para qué día. Si la moda dicta que el nuevo capitalista de riesgo odia a todos los usuarios de camisetas a la vista, esto suele tomarse como una pista de que quizá quieras usar algo más. Un emprendedor sabe que es prudente tener (al menos) una opción disponible en el armario antes de que la situación le exija algo diferente de lo habitual.

42
Te encantan los días festivos porque te sirven para adelantar algo de trabajo

En una entrevista para *Paris Review,* el autor Julian Barnes describió así su vida laboral: "Trabajo siete días a la semana", comentó. "Yo no pienso en términos de horarios de oficina convencionales; más bien, las horas normales de oficina para mí incluyen los fines de semana porque he descubierto que son un buen momento para trabajar, aprovechando que muchos piensan que te has ido y por eso no te buscan, ni te molestan. También es así en Navidad. Todos salen de compras y nadie llama. Siempre trabajo en la mañana de Navidad. Ese ya es un ritual para mí".

Esa es una rutina de 365 días con la que los emprendedores se identifican con facilidad. (Sus horas de escritura, de las 10:00 a.m hasta la 1:00 p.m, seguidas de revisiones y pagos de facturas, parecen mucho más productivas). Para los emprendedores, como para los autores, los mejores momentos para trabajar son aquellos en los que los demás no lo hacen. En ese lapso, la gente envía menos correos electrónicos; por lo tanto, tienen menos por responder; asimismo, los mensajes por enviar también pueden esperar hasta que finalice el día festivo. Y como quiera que sea, quienes llamen, solo recibirá una respuesta automática informando que estás "fuera de la oficina". La atmósfera es tranquila y silenciosa. Hay incluso menos tráfico en las vías, por lo que durante unas horas y tal vez incluso unos días, la presión no es tanta. Este es un "tiempo extra de trabajo", horas preciosas que te permiten ponerte al día, limpiar la cubierta e incluso avanzar.

Quizá los emprendedores no tengan jefes que les dan un incentivo navideño extra, pero se dan a sí mismos la oportunidad de alcanzar sus propios logros adicionales y de usar ese tiempo tranquilo para avanzar con su maqueta, planear su próxima prueba A/B o trabajar un poco más en su discurso. Incluso pueden hacer sus propias investigaciones; esa es una forma útil de llenar la mañana de Acción de Gracias mientras todos los demás cocinan el pavo o alistan su viaje a reunirse con la familia. Es emocionante saber que estás avanzando furtivamente cuando la competencia duerme.

Sin embargo, cada vez son menos las opciones de tiempo libre para los emprendedores. Está visto que más de tres cuartos de las empresas tienen un solo propietario y ningún empleado, así que, si ellos dejan de procesar órdenes durante un día y si no ejecutan otras tareas, todo se les acumula y les queda pendiente para que lo atiendan durante sus días festivos. De esa manera, la empresa sufre. Por eso, para un emprendedor, tomarse unas vacaciones es impensable y tomarlas sin empacar su computadora portátil es inimaginable. A esto se debe que Navidad, Acción de Gracias y otras fechas de festivos se hayan vuelto de poco significado para ellos, dado que su empresa ahora es internacional y que el internet nunca se detiene. Cuando una empresa está creciendo es bastante difícil mantenerla al día, mucho menos adelantarse, y, definitivamente, ningún emprendedor quiere estar atrasado con respecto a lo que tiene que hacer.

Sin embargo, este no es solo un problema para los emprendedores. Estados Unidos es el único país industrializado que no tiene días libres pagos obligatorios para los días festivos públicos y las vacaciones. Mientras que los trabajadores en Gran Bretaña saben que cada año recibirán un pago durante 28 días en los que no tendrán que trabajar, y los empleados franceses no harán otra actividad que no sea beber café y comer cruasanes durante 36 días al año sin perder ingresos, las empresas en los Estados Unidos no están obligadas a darle a su personal ningún dinero si no trabaja. En la práctica, la mayoría de ellas paga 10 días de vacaciones después del primer año de empleo más otros ocho días correspondientes a festivos. Esa es la mitad del tiempo de playa y de familia que disfrutan los franceses... y aun así, la gente no los toma.

Según la Asociación de Viajes de los Estados Unidos, cada año los trabajadores estadounidenses dejan de reclamar cinco días libres. En efecto, esos días los están trabajando gratis. Podrían quedarse en casa viendo *Game of Thrones* todo el día y aun así recibir su pago.

Las razones por las que los empleados van a trabajar en sus días libres varían. Algunos prefieren acumular días para poder tomar un descanso más largo en otro momento. Otros prefieren usarlos como días adicionales para ausentarse por enfermedad o para tener algo de tiempo disponible si necesitan quedarse en casa con sus hijos o en caso de que se les enfermen. Para muchos, hay demasiado trabajo por hacer como para tomarse libre todo el tiempo al que tienen derecho. Cuando trabajas para una empresa nueva y el lanzamiento está a seis meses de la fecha del evento, así no seas el propietario de la empresa, quieres estar presente en cada parte de ese proceso.

Eso es genial para la empresa y aún mejor para el propietario, pero no mucho para el empleado. He ahí una de las grandes ventajas de ser emprendedor. Cuando eres dueño de tu propio negocio trabajas más horas que los demás. No hay horarios de oficina, solo tienes espacios en los que puedes hacer crecer tu negocio y tiempo para comer, dormir y llevar a los niños a la escuela. Pones a disposición de tu empresa más tiempo que el empleado más comprometido y nunca pasarás 24 horas sin sentarte frente a tu computadora. Los momentos en los que otras personas sienten que se pueden relajar un poco son los mejores momentos para adelantarte en el juego y ponerte al día con todas las tareas que postergaste hasta que tuvieses un momento libre.

Sin embargo, cuando eres dueño de tu propia empresa, obtienes de ella justo lo que inviertes. Cuanto más trabajes, menor será el número de días libres, ignorarás más vacaciones, más rápido crecerá tu negocio y más pronto llegará la etapa que más deseas alcanzar: el momento en el que la empresa ya esté construida y puedas venderla o dejar que otra persona realice parte de la administración diaria. Entonces, ese será el día en que recuperarás todas esas vacaciones perdidas y todos los días se te convertirán en festivos.

43

Trabajas más horas que un médico y ganas menos por hora que un cocinero de hamburguesas

Cuando un emprendedor nato deja la oficina de su empleador, decidido a iniciar su propio negocio, debe sentirse muy bien. Ya sea que ese paso adelante haya sido forzado (dado que los emprendedores saben cómo luchar con el hecho de lo que significa trabajar para otra persona) o que se trate de una opción valiente que él tenía que tomar, ese es un avance, un paso adelante, un movimiento en la dirección que le conviene, más que cualquier otro.

Sin embargo, de alguna manera, también es un descenso. Las empresas requieren tiempo para crecer y ganar, y mientras eso no suceda, el emprendedor ganará menos de lo que ganaba en su empleo anterior. El primer objetivo será aumentar sus ganancias lo más rápido posible.

Y la primera forma de lograrlo es trabajando más horas.

Tres cuartas partes de los médicos trabajan más de 40 horas a la semana y el 10% lo hace más de 71 horas. Los abogados también son conocidos por su extensa dedicación al trabajo. Al igual que los médicos, ellos trabajan un promedio de 50 horas a la semana, pero entre un cuarto y un tercio, dependiendo del tipo de la firma de abogados a la que pertenezcan, hay abogados que pasan más de 60 horas a la semana en la oficina.

Lo bueno es que tanto los médicos como los abogados tienen altos salarios o saben que los tendrán después de los años siguientes a su graduación y cuando hayan cancelado sus préstamos estudiantiles. Los emprendedores no están tan confiados en sus ingresos, y aunque en algún punto del camino trabajar por más tiempo los acercará al progreso con el que sueñan, mientras eso no suceda, habrá poca relación entre la cantidad de horas que inviertan y la cantidad de dinero que ganarán.

El resultado es que, cuando un nuevo emprendedor cuente el dinero que ha ganado a fin de mes y lo divida por el número de horas invertidas para ganar ese dinero, es probable que se tope con una realidad impactante. (Por lo general, es mejor no mirar). El emprendedor no solo trabaja más que sus amigos abogados o médicos, sino que también gana menos por hora que sus hijos adolescentes que trabajan en Burger King o de meseros.

Ese es un descubrimiento sorprendente que afecta a la gran mayoría de los emprendedores en algún momento de los primeros meses en que ellos les dedican a la implementación y crecimiento de sus propios negocios; esta realidad les produce una de dos respuestas.

Algunos hacen los cálculos, entienden que su situación es insostenible y que no pueden continuar, y comienzan a buscar empleo, ya que no logran ver la luz al final del túnel, ni están seguros de que ese túnel llegue a su fin. Es entonces cuando se dan por vencidos, desempolvan sus hojas de vida y deciden trabajar menor cantidad de horas bajo un horario laboral y con un ingreso limitado a cambio de muchas horas de esfuerzo para solo obtener una pequeña recompensa inmediata.

Sin embargo, otros emprendedores doblan la apuesta. Hay un límite en la cantidad de horas que caben en un día y en la cantidad de días que caben en una semana. Así que ellos buscan cómo hacer la mayor cantidad de trabajo posible segundo a segundo. Siguen las rutinas de productividad, mejoran su organización, alquilan una oficina para reducir las distracciones y así descubren el valor de la subcontratación como una forma de concentrarse en sus tareas más importantes. Es decir, se vuelven más eficientes.

Habiendo mejorado su propio flujo de trabajo, ven el valor de lo que están produciendo. Incluso si ya está en curso una secuencia de mercadeo, los emprendedores exitosos buscan cómo generar e incrementar más y más sus ingresos. Para esto, se concentran en mejorar en las pruebas A/B; leen más consejos sobre redacción de textos publicitarios; se inscriben a seminarios en internet y experimentan con nuevos canales; trabajan de manera más inteligente.

El mejoramiento no será inmediato, pero se irá dando. Al principio, empiezan a ver poco a poco pequeños aumentos en los flujos de tráfico de sus sitios de internet, en los clics en sus páginas de llegada, así como un incremento en la cantidad de suscriptores de correo electrónico. Las ventas comienzan a aumentar, apenas perceptiblemente al principio, pero después de un mes o dos o tres, la cantidad de dinero generado por mes, dividida por la cantidad de horas trabajadas al mes, alcanza el salario mínimo.

Luego, el dinero va en aumento. A medida que los canales de comercialización se hacen más eficientes, las ventas continúan creciendo y conforme los embudos de ventas se hacen más complejos y las ofertas de ventas de productos de mayor y menor valor se hacen más atractivas, los emprendedores logran extraer más dinero de cada visitante. Cada lanzamiento arroja más información sobre el mercado, lo cual hace que el siguiente lanzamiento sea mejor. Cada taller y conferencia produce no solo más conocimiento, sino una selección más rica de socios y afiliados que harán incrementar las ventas.

Sucede. Por lo general, sucede con lentitud, pero para quienes son decididos y valientes, sucede. Esas largas horas de bajos ingresos al comienzo de una nueva empresa comienzan a dar sus frutos. Cuando la barrera de los ingresos por hora comienza a superar la marca más alta y se acerca al antiguo salario del emprendedor, lo cual puede suceder hasta uno, dos o incluso más años después de comenzar, él comenzará a nivelar sus horas de trabajo, se sentirá más seguro de subcontratar algunas tareas más, tendrá los fondos para contratar más personal y entenderá que, cuanto más pague por una ayuda mejor calificada, mayor será el valor del producto final y mayores serán sus ganancias.

Con el tiempo, si persevera, descubrirá que está ganando más que un médico o un abogado, solo que trabajando muchas menos horas, haciendo un trabajo mucho más fácil y más agradable (al menos para él) y con un aumento de ingresos que no tiene límites.

Todos ellos saben que la vida de un emprendedor tiene el potencial para llegar a ser excelente; que está llena de libertad, satisfacción y logros. Pero los emprendedores también tienen que pagar el precio de esa victoria y esas cuotas se pagan primero, al comienzo, cuando las horas son largas y las fuentes de ingresos son limitadas y lentas.

Los emprendedores trabajan demasiadas horas y tienen el potencial para ganar sumas de dinero que harían que un cocinero de hamburguesas dejara caer sus carnes. Pero ellos no tienen límites y esa inversión inicial es el cimiento de la empresa que deben construir. En mi caso personal, pienso que cada minuto, hora y año que he dedicado a comenzar mis empresas han valido toda la inversión que he hecho de vida, dinero, tiempo y de mí mismo.

44

Solo hablas un idioma: el de los negocios

Los inmigrantes en los Estados Unidos constituyen cerca del 13% de la población. También son responsables de comenzar más de una cuarta parte de las nuevas empresas que se abren cada año en ese país. Alrededor del 40% de las empresas más grandes de Estados Unidos, desde Colgate hasta Kohl's y desde Google hasta Procter and Gamble, fue fundado bien sea por inmigrantes o por sus hijos.

Entre todos esos fundadores se hablan todos los idiomas de la ONU: inglés, sin duda, pero también alemán, español, ruso, francés, hindi y todos los demás. Pero sea cual sea la lengua materna de esos fundadores, todos tienen un idioma en común: el de los negocios.

Es algo que sucede con mucha rapidez. Las palabras cambian su significado. Cuando un emprendedor va a un partido de fútbol y escucha la palabra "lanzamiento", lo que ve en la cancha es una sala llena de inversionistas de riesgo en lugar de 22 jugadores de fútbol tras una pelota. Cuando alguien presenta a su "pareja" durante una reunión, él se pregunta por qué ese invitado habrá traído a un compañero de trabajo a una fiesta y luego recuerda que es que algunas personas tienen vida amorosa. Y cuando su hija le dice que quiere un "unicornio" para su cumpleaños, él le contestará que está trabajando en ello, antes de darse cuenta de que la niña se refería a un caballo con un cuerno, no a una nueva empresa de $1.000 millones de dólares.

En pocas palabras, la visión de negocio es una obsesión que se extiende más allá, hacia todos los aspectos de la vida del emprendedor. Cuando él inicia una conversación con alguien en un avión, siempre tiene la esperanza de que este nuevo contacto sea un comprador importante, un socio potencial que le ayude a abrir un mercado nuevo o un futuro empleado que sepa descifrar cuál es el rompecabezas que ha estado retrasando a su empresa.

Espera, como mínimo, que este nuevo contacto *conozca* algo que a él le sea útil para construir mejor su negocio. Aunque otras personas ven que un estrechón de manos es una manera amistosa de conocer a alguien, para un emprendedor ese acto es como halar la palanca de una máquina tragamonedas y esperar ganarse el premio gordo. Él nunca sabe a dónde conducirá esa primera conversación y siempre espera que sea a algún lugar que beneficie a su empresa.

Lo mismo es cierto con lo que sucede en las noticias. Cualquiera que sea la historia principal en los periódicos y en los sitios de internet de noticias, la primera pregunta que surge en la mente del emprendedor es: "¿Qué significa esto para mi compañía?" Él siempre está pensando en su mercado, en sus clientes y en el entorno de inversión.

Por eso, cuando se avecinan elecciones importantes, ellos se preguntan qué pasará con las ventas en el día de las elecciones; con el costo de la publicidad cuando los políticos están comprando banners y anuncios de radio; y/o con la posibilidad de ganar publicidad cuando a los periodistas solo les interesa los resultados de la última encuesta. Solo después de pensar en todos estos temas, los emprendedores recordarán que, de hecho, la votación determinará el futuro del país y eso también afectará a sus empresas.

Incluso la tecnología tiene que ver con su negocio. ¿Samsung está lanzando un nuevo teléfono? Ellos se preguntan si esto hará que sus llamadas telefónicas sean más eficientes o les permitirá hacer más cosas mientras viajan. ¿Los televisores inteligentes están siendo un poco más inteligentes? En lugar de preguntarse si deberían comprar uno, los emprendedores se preguntan cómo hacer para poner su producto en esa pantalla.

¿Una compañía de música lanza nuevos auriculares con reducción de sonido? Mientras otros piensan en el sonido claro que obtendrán cuando escuchen su música favorita, los emprendedores imaginan el completo silencio en el que podrán trabajar cuando estén sentados en el tren o mientras sus hijos juegan a sus pies.

Para ellos, todos esos términos familiares, todos los informes noticiosos que otras personas ven, piensan e ignoran, y todos aquellos productos que hacen la vida más agradable, todos tienen un significado diferente y fueron hechos para un propósito diferente. Todo se trata de su empresa y de nada más que de su empresa.

Ellos también recopilan palabras nuevas. No son solo los unicornios los que dejan de ser el elenco de *My Little Pony*. Los cisnes negros se convierten en aves salvajes más que atractivas; son los eventos inesperados que pueden ser una gran sorpresa y tener un efecto importante en su empresa o incluso arruinar un entorno comercial o abrir una nueva oportunidad para un emprendedor inteligente.

Sin embargo, la teoría del cisne negro suele verse mejor en retrospectiva. Los empleados no son solo personas que reciben un salario; ellos tienen un rango según el momento en que se vincularon a la empresa y la cantidad de acciones que tienen en el negocio. "La naturaleza" no es un lugar donde vagan los osos y los leones; es el lugar para detectar un nuevo lanzamiento tan pronto ha salido del laboratorio. Un producto pegajoso no es un teléfono que estuvo en las manos de un niño que acaba de comer un emparedado de mantequilla de maní y jalea, sino uno que la gente sigue comprando una y otra vez.

El lenguaje que solía ser una forma fácil de comunicarse se ha convertido en un tesoro de palabras que tienen significados completamente diferentes para cualquiera que no esté en el círculo inmediato del emprendedor.

Es un tipo de obsesión. Cuando todo se trata de la empresa, cuando cada evento la afecta y cada nuevo contacto es evaluado sobre su capacidad para mejorar un producto o aumentar las ventas, sabes que en lo único que piensas es en tu negocio. Cuando te encuentras manteniendo toda una conversación acerca de detectar un unicornio en la naturaleza cuyo increíble palo de hockey solo era poderoso porque era muy pegajoso, y maldices ese cisne negro, y la gente con la que estás hablando sabe exactamente de qué estás hablando, sabes que estás en la compañía correcta y todos hablan el mismo idioma.

Ser emprendedor no se trata solo de lo que haces o de lo que eres. Se trata de hacia dónde te diriges. Todos los emprendedores que pasan de ser empleados a ser propietarios de una empresa van hacía un lugar y en poco tiempo se encontrarán hablando el mismo idioma cuando lleguen a su destino.

45

Juzgas los café internet por su señal inalámbrica y por sus puntos de electricidad

Los nuevos emprendedores no tienen que hacer el mismo recorrido al trabajo todos los días. Tampoco tienen que abrirse paso entre el tráfico para llegar a una oficina o luchar para encontrar un espacio de estacionamiento al llegar. Pero sí tienen una pelea que es casi tan dura como esa; tienen que conseguir los mejores lugares de los café internet.

Ve a cualquier tienda de café internet hoy, desde un Starbucks hasta una pastelería local, y encontrarás nómadas digitales sentados frente a sus mesas, escribiendo en sus teclados. Para los emprendedores, las cafeterías no son solo lugares para consumir cafeína y pasteles. Son oficinas donde el único alquiler que pagan es el costo de un capuchino.

Para ellos, algunos cafés son mejores que otros y algunos *espacios* dentro de esos cafés también son mejores que otros. Cuando un emprendedor entra a un café, lo primero que busca no es el menú, ni la vitrina de pasteles, sino las conexiones eléctricas y la contraseña de la red inalámbrica.

La electricidad y el internet son lo esencial. Es lo mínimo que un café debe tener si quiere atraer y mantener a los emprendedores que dirigen sus propios negocios, así como a los profesionales independientes que los ayudan. Sin embargo, los emprendedores que trabajan en cafés también deberían considerar otros factores.

La seguridad es un problema. Inicia sesión en la red inalámbrica de un café y tu computadora será vulnerable a los hackers. Según la firma de seguridad Kaspersky, los hackers pueden posicionarse entre tu equipo y el punto de conexión, obteniendo acceso a toda la información que envías. También pueden distribuir malware que les permite ingresar a tu computadora cuando así lo deseen.

Kaspersky recomienda siempre navegar a través de una VPN cuando uses una red pública para asegurarte de que toda la información enviada esté encriptada; también es recomendable habilitar la opción de siempre y activar HTTPS en los sitios web que visitas con frecuencia, así como apagar la conexión inalámbrica cuando no la estés usando.

Sin embargo, en la práctica, el riesgo de los hackers es menor. El mayor riesgo es que alguien que pase por detrás de ti vea lo que hay en tu pantalla. En realidad, un café no es un buen lugar para revisar tu cuenta bancaria, ni el estado de tus facturas de PayPal, ni tampoco es el lugar indicado para trabajar en un proyecto secreto, a menos que estés seguro de conseguir esa mesita de la esquina donde tu pantalla está mirando hacia la pared.

Tampoco te quedes en el mismo café todo el día. No es tu oficina, es el negocio de otra persona y si estás sentado allí consumiendo solo una sola taza de café, el dueño no está ganando dinero. Los cafés parecen salirles gratis a los emprendedores, pero no son del todo gratuitos. Asume que una sola taza de café te compra un par de horas de trabajo y evita tomar una mesa a la hora del almuerzo si no te vas a quedar a almorzar.

Lo más importante, da buenas propinas. Cuando vas al mismo café varias veces a la semana, vale la pena tener buenas relaciones con los camareros y el barista. No solo recibirás siempre tu café justo como te gusta, sino que también ellos estarán más dispuestos a bajar el volumen de la música cuando se lo pidas o a decirte dónde hay una conexión eléctrica oculta detrás de la estantería.

Sin embargo, el beneficio real de trabajar en un café cuando estás construyendo tu empresa no es el café, ni lo es la oportunidad de salirte de aquella habitación que no usas en donde vives, ni estar cerca de otras personas. El verdadero beneficio es la oportunidad que tienes al estar allí para interactuar con emprendedores como tú.

Empieza a ir al mismo café todos los días o varias veces a la semana y conocerás a otros usuarios que trabajan de la misma manera. Ellos también estarán jorobados sobre sus teclados, verificando sus estadísticas y probando su texto publicitario o bien, produciendo diseños para sus propios clientes o creando planes de negocios para otros emprendedores.

No te queda fácil asistir a una conferencia todos los días, pero si a diario vas a un café (o cada cierto tiempo durante la semana), obtendrás un efecto similar. Te mezclarás con otros emprendedores, intercambiarás ideas y hablarás con ellos sobre el trabajo que haces. Quizá descubras que el cliente que está en la siguiente mesa tiene la experticia que estás buscando para pasar a la etapa siguiente de tu negocio; quién quita que él necesite el producto que estás en proceso de fabricar; tal vez, uno de sus amigos conoce al capitalista de riesgo que planeabas contactar por correo electrónico.

Dicho de otro modo: cuando los cafés están llenos de otros emprendedores, están llenos de oportunidades.

Incluso obtendrás más beneficios. El trabajo en los cafés se ha vuelto tan popular que la mayoría de las ciudades principales ahora tiene centros de trabajo cooperativo; son lugares donde los emprendedores tienen la opción de alquilar un escritorio o incluso una pequeña oficina. Suelen costar entre $20 y $30 dólares por día o unos pocos cientos de dólares al mes por acceso abierto, pero, a menudo, incluyen salas de conferencias y acceso a equipos de oficina como impresoras y fotocopiadoras gratuitas, eventos y talleres, y por supuesto, contacto regular con otros emprendedores que están construyendo sus propios negocios.

Uno de los desafíos más difíciles que los emprendedores deben superar cuando cambian una oficina por una habitación desocupada en la casa es que de repente se dan cuenta que están solos. No hay políticas de oficina, pero tampoco conversaciones sencillas y el almuerzo se convierte en una comida con un iPad frente al plato en lugar de una conversación con un compañero de trabajo.

En medio de tales circunstancias, los emprendedores no tardan mucho tiempo en convertir su café favorito en su propia oficina y procuran encontrar la conexión eléctrica más conveniente para trabajar desde allí, junto con la contraseña de la red inalámbrica del lugar. Y poco después, empiezan a considerar el trabajo cooperativo. Además, no pasará mucho tiempo antes de que estén buscando alquilar su propia oficina, incluso si eso significa hacer recorridos diarios entre el tráfico pesado y librar una batalla por un espacio de estacionamiento.

Ellos saben que este proceso de soledad sucederá y por eso estarán preparados antes de tiempo para no tomar malas decisiones relacionadas con la administración del dinero solo por camaradería. Los emprendedores exitosos encontrarán la sociabilidad que todos los humanos necesitan al asistir a eventos y reuniones para conocer a otras personas. Además, programarán tiempo en pareja y tiempo en familia; hacer alguna clase de deporte con sus amistades les ayudará en gran medida a mantenerse mentalmente saludables y bien concentrados en sus nuevas empresas.

46

Prefieres tener una oficina en lugar de una habitación extra

Los cafés y los espacios de trabajo compartidos serán una delicia ocasional para los emprendedores en los días y meses previos a que su nueva empresa supere a un simple escritorio. Pero la mayoría de las largas horas de un emprendedor no transcurren en una ruidosa cafetería, ni en un amigable centro empresarial, sino en la habitación libre que él tiene en su casa; en esa oficina personal tan bien ubicada justo al final del pasillo de su propio dormitorio. Por esta razón, si se le da a elegir entre mantener una habitación libre para huéspedes ocasionales y la posibilidad de convertirla en un lugar donde él pueda trabajar en medio de un ambiente de independencia y tranquilidad, el emprendedor siempre se preguntará cómo hacer para sacar esa cama extra de la habitación. Para él, una habitación libre siempre es un espacio de trabajo esperando a ser usado.

Este cambio trae muchos beneficios. Aunque convertir una habitación extra en una oficina implica algunos costos inmediatos, (una nueva silla, un nuevo escritorio, estantería y libros de negocios para poner en ellos, así como equipo de oficina), vale la pena tener en cuenta que una oficina aumenta el valor de una casa.

Según un estudio realizado por la Asociación Nacional de Agentes de Bienes Raíces (National Association of Realtors), el 44% de compradores de casas está dispuesto a pagar casi $2.000 dólares más por una casa con un estudio, despacho, oficina o biblioteca. Mantén tus gastos por debajo de ese nivel de costo en tu propia casa y construir una oficina allí podría ser la primera ganancia que te produzca tu compañía.

Además de ese valor adicional, vienen las rebajas. Una vez que estés trabajando desde tu casa, empezarás a deducir de tus impuestos algunos gastos del hogar. Cuando tienes una clara separación entre una oficina y el resto de la casa (una pantalla o una cortina basta), por lo general, puedes hacer una deducción rápida de hasta $1.500 dólares por año en tus impuestos. Tan pronto como empieces a trabajar para ti mismo, sin duda vale la pena hablar con un asesor de impuestos para asegurarte de que tu oficina en casa te dé todas las deducciones posibles.

Sin embargo, el mayor beneficio de hacer crecer una empresa desde tu piso de arriba no es el poco tiempo que tardas en llegar al trabajo, ni el valor extra de una casa con un espacio de trabajo incorporado, ni incluso el valor extra de una propiedad que algún día podría tener una placa que diga que alguna vez albergó allí la primera oficina de una corporación global. El beneficio más alto que obtendrás será el hecho de que estarás en casa cuando los niños regresen de la escuela. Esa es la realidad.

Ahora, podría no sonar como una gran ventaja, pero para los emprendedores con familias jóvenes suele serlo. Ellos saben que van a trabajar durante muchas horas. Saben que en los primeros años, y sin duda en los primeros meses de la empresa, le dedicarán al trabajo cada hora que no tengan que usar para comer o dormir.

Es posible que tu pareja entienda que no vas a estar cerca por mucho tiempo y que una cita para un emprendedor significa revisar su agenda, hacer la reservación y poner la fecha y la hora en su calendario de Google. Tu compañero de vida también aprende a "entenderlo" y está preparado para esperar cuando un nuevo cliente exige un cambio de último minuto. Así es la vida con un emprendedor y su pareja también entiende que se beneficiará de la gran empresa cuando todo esté dicho y hecho.

Sin embargo, los niños no lo entienden porque no les es muy claro por qué, por ejemplo, cuando eres un emprendedor, parece que prefieres pasar el sábado preparando una nueva prueba A/B en lugar de llevarlos al parque. Tampoco entienden por qué no vas al almuerzo en la casa de la abuela, sino que te quedas en casa a terminar la página de internet de tu empresa. Ni por qué no puedes ayudarles con sus tareas, pero sí les escribes correo electrónico tras correo electrónico tras correo electrónico a personas que ni siquiera conoces. Ser emprendedor implica sacrificios. Significa que, quienes están a tu alrededor, también tienen que hacerlos y no todos entenderán el porqué.

Por lo tanto, trabajar desde casa es una de las pocas ventajas por la que, siendo un emprendedor, retribuirás a tu familia durante los primeros meses en que echas a andar tu negocio. Hay menos prisa en la mañana cuando no tienes que empacar tu trabajo y salir para la oficina antes de que tus hijos se vayan a la escuela o tan pronto como ellos salgan de casa.

No hay necesidad de pedir tiempo libre cuando alguno de ellos esté enfermo y tenga que pasar el día en el sofá con un plato de sopa y un montón de DVDs. Como bono, experimentarás menos sentimientos de culpa por tener que quedarte en tu oficina hasta tarde cuando esa oficina está en el piso de arriba de tu hogar y tienes chance de ver a tus seres queridos cada vez que vas a la cocina por un café.

Una de las mayores diferencias entre un empleado que trabaja muchas horas en la oficina de una empresa y un emprendedor que trabaja muchas horas desde su oficina en casa, es que el emprendedor trabaja con mucho esfuerzo y aun así ve a su familia.

Por supuesto, hay que pagar un precio por esa fuerte conexión familiar. Trabajar en un hogar lleno de niños significa trabajar en un hogar lleno de interrupciones. Decirles a los niños que cuando la puerta de la oficina está cerrada, sus padres están ocupados y no deben ser molestados, rara vez funciona. La televisión suele ser la mejor amiga de todo emprendedor; esa es una buena manera de mantener a los niños callados y en un solo lugar mientras él termina una presentación o revisa un informe, pero también tiene sus limitaciones.

Algunos expertos han sugerido el uso de códigos de colores en la puerta de la oficina: el rojo significa que no deberá haber interrupciones, excepto en casos de emergencia (mi mamá solía decir que el rojo significaba que solo debía molestarla si había sangre en el asunto); el amarillo significa llamar y esperar; el verde es como si la puerta estuviera abierta. Darles a los niños momentos específicos en los que vas a estar disponible también ayuda, siempre y cuando ellos no tengan que esperar demasiado.

No son solo los niños quienes ven a su padre en la oficina en casa, sino también se trata de ser un padre disponible para ser padre. Aunque el emprendedor entiende que trabajar desde una oficina en casa es solo una manera más conveniente de hacer las cosas, para otras personas, trabajar desde casa suena como si no estuvieras trabajando.

Por lo tanto, concientízate de que deberás esperar que te pidan que hagas todo tipo de favores y que termines tareas domésticas que, de otra manera, podrían compartirse. Como tu horario es flexible, es tentador aceptar ocuparte de cada una de estas pequeñas diligencias, aunque consuman tu tiempo de trabajo.

Pero, poco a poco, te irás dando cuenta de que tu dificultad no es esa diligencia que puede tomarte, literalmente cinco minutos en hacerla, sino la pausa que haces en tu concentración. Se han hecho estudios sobre este tema de la interrupción. Los

JOEL COMM Y JOHN RAMPTON •

sicólogos llaman "tiempo de reequipamiento" a la interrupción y al proceso de trabajo que la acompaña. Los estudios muestran que el "reequipamiento" después de una interrupción dura uno promedio de 45 minutos. Con unas pocas de estas interrupciones en un día, tu valioso tiempo será consumido, retrasando así tu meta de poner tu negocio en marcha y hacer que produzca. De nuevo, es importante establecer límites; de lo contrario, encontrarás que esas horas potencialmente largas comienzan a llenarse con tiempo improductivo.

Si todo esto es demasiado, siempre puedes escaparte a un café o incluso a la biblioteca; estos suelen ser lugares convenientes y tranquilos.

47

No ahorras sueño,
salvo en las noches

Margaret Thatcher era famosa por ignorar la necesidad de dormir. Ella dormía solo cuatro horas en la noche. (Cuentan que una vez se escuchó a su esposo, Denis, gritarle: "Mujer, ¡a la cama!"). Otros líderes también parecen arreglárselas con una cantidad mínima de horas de sueño. Winston Churchill se acostaba a las 3:00 am y se levantaba cinco horas más tarde. Marissa Meyer duerme desde la medianoche hasta las 4:00 am o 6:00 am, por tarde. Richard Branson es un poco más perezoso, si así se le quiere decir: también se acuesta a medianoche y se levanta no más tarde de las 6:00 am, pero no se despierta antes de las 5:00 am.

Según una encuesta limitada a 21 de las personas más exitosas del mundo, el 14% de ellas se conforma con cuatro y cinco horas de sueño por noche y el 32% duerme entre cinco y seis horas. Poco más de un cuarto, duerme siete u ocho horas completas. Cuando se le preguntó cuánto sueño necesitaba una persona, la respuesta de Napoleón Bonaparte fue famosa porque afirmó: "Seis para un hombre, siete para una mujer, ocho para un tonto".

Para algunos está bien dormir poco. Varios científicos dicen que han encontrado un gen que permite que algunas personas duerman menos tiempo que otras. Los investigadores estudiaron a 100 parejas de gemelos, privándolos de sueño durante 38 horas. Fue así como encontraron que un gemelo que afrontaba una mutación genética en particular, tenía 40% menos lapsos de concentración y necesitaba de ocho horas de sueño para recuperarse. Su hermano necesitaba nueve horas y media.

El hallazgo es debatible. Más estudios han documentado el daño que puede causar la falta de sueño. El rendimiento cognitivo disminuye, en particular cuando hay que realizar tareas largas o monótonas y las habilidades perceptivas se hacen menos acertadas a medida que las personas sobreestiman sus capacidades. Cuando no dormimos, nuestro desempeño empeora, pero seguimos creyendo que estamos haciendo un buen trabajo. Charles Moore, biógrafo oficial de Margaret Thatcher, estuvo de acuerdo en que la ya fallecida Primer Ministra británica podía trabajar más horas que la mayoría, pero también dijo que ella necesitaba dormir más de lo que creía.

Para los emprendedores, esas encuestas sobre el sueño deberían preocuparlos. Margaret Thatcher falleció hace unos años y su distinguida carrera como Primera Ministra terminó en 1990. Bonaparte falleció hace un poco más y habría algo de debate sobre el hecho de que él no padeció del estrés propio de la actualidad como para hacer aún más preocupante la necesidad de dormir.

Nadie es más consciente de que las horas de sueño no son horas de productividad, que quienes son dueños de sus propios negocios. Acostarse en la cama y soñar puede ser agradable y relajante, pero así no se termina de hacer la presentación del día siguiente, ni leerás más, ni escribirás una publicación genérica mientras duermes, no importa cuánto creas que sí eres capaz de hacerlo.

Esas horas tranquilas en medio de la noche, cuando el mundo está dormido y es poco probable que el teléfono suene, suelen ser el mejor momento para concentrarte y hacer las cosas. Lo mismo ocurre con las primeras horas de la mañana. Levántate antes de que salga el sol (o al menos, antes de que empiecen a llegar los correos electrónicos) y añadirás una hora extra de productividad al día.

Pero todo esto tiene un precio y suele ser más alto que el valor del trabajo adicional que logras hacer. Cuando el sueño cae por debajo de seis horas por noche, ten la absoluta seguridad de que cometerás más errores, tomarás más tiempo para completar tareas simples y te será más difícil concentrarte por períodos más largos.

No es que eso te vaya a detener. Una cosa es saber que mañana no vas a alcanzar a terminar de leer todo un informe que debes leer sin quedarte dormido; otra es que, cuando el reloj marque la medianoche, la casa estará en silencio y tendrás una gran cantidad de datos frente a ti que están revelando todo tipo de tendencias interesantes.

Aunque quisieras irte a la cama a las 10:00 p.m y despertarte renovado a las 6:00 a.m, te costaría hacerlo. A menudo, los emprendedores descubren que en realidad nunca descansan. Incluso cuando un emprendedor está pasando un rato frente a la televisión por la noche (algo raro) y su pareja le ha prohibido tocar el teléfono o el iPad, lamentablemente, su cerebro de empresario sigue en marcha y a toda velocidad, considerando todas las tareas que terminará cuando finalice el programa y está repasando mentalmente cuáles serán las reuniones que tendrá al día siguiente.

Para un emprendedor es bastante difícil quedarse quieto. Es casi imposible que su cerebro deje de meditar. Métete en la cama y no importa cuán cansado estés, tu cerebro seguirá eligiendo opciones, analizando decisiones y evaluando ideas durante horas hasta que, finalmente, te duermas.

Tim Ferriss, autor del libro de productividad, *The Four-Hour Workweek,* ha compartido acerca de su propio insomnio y ha presentado soluciones que incluyen un par de cucharadas de mantequilla de maní antes de acostarse, baños fríos (digo, calientes) y dormir en la posición de gateo semi militar. En la práctica, es más probable ver emprendedores acostados en la cama, mirando al techo y pensando en soluciones a problemas de mercadeo y de productos.

Es cierto que los emprendedores queman la vela por ambos lados. Se acuestan tarde y se despiertan temprano; también es cierto que, durante meses, las emociones más familiares y que ellos más experimentan son la fatiga y el cansancio. La forma en que vencen esa fatiga y ese cansancio no es encontrando una manera de introducir el sueño tradicional de ocho horas en un estilo de vida de emprendimiento, lo cual no encaja muy bien. La solución está en asumir que este período no va a durar para siempre y que tendrán que quemarse unos cuantos meses hasta llegar al lanzamiento o lograr financiación.

Durante ese tiempo, los emprendedores trabajarán todas las horas que puedan, incluso cuando otros estén durmiendo. Se pondrán al día con el sueño durmiendo un poco más tarde los fines de semana y se quedarán dormidos durante las citas de cine o mientras su pareja mira Netflix. A veces, incluso cerrarán la puerta de la oficina, cerrarán los ojos y se dejarán caer sobre su escritorio, o debajo de él, durante unos 20 minutos.

Sin embargo, podrán entrenarse para tener mejores hábitos de sueño. No te engañes, esto significa que tendrás que entrenar y entrenar de verdad. Aunque el entrenamiento es más difícil cuando estás comenzando con tu producto o servicio, o cuando acabas de renunciar a tu trabajo tradicional, vale la pena hacer el esfuerzo de saber cómo dormir cuando tienes que hacerlo para que no pases horas allí tumbado con tu mente a toda marcha.

48

Tienes una aplicación para todo

Tienes que quitarte el sombrero ante quienes iniciaron sus empresas en los días en que la gente sí usaba sombreros. Quizás ellos tuvieron oficinas con diseños elegantes y secretarias de verdad para filtrar sus llamadas, pero no tuvieron teléfonos inteligentes. Ni tabletas. Incluso, ni computadoras. Es probable que trabajar sin correo electrónico les haya ayudado a hacer las cosas un poco más rápido. Y los almuerzos de Martini debieron ser divertidos, aunque no muy productivos. No obstante, para cualquier emprendedor actual es difícil pensar en crear una empresa sin la ayuda de un teléfono inteligente, ni de todas las aplicaciones que este contiene.

Para ellos, el teléfono inteligente se ha convertido en lo que es un taladro para las cuadrillas de trabajo en las carreteras; en lo mismo que es un cohete para un astronauta. Es esa navaja suiza (o Cupertino) que tiene la capacidad de abrirse para realizar una gran variedad de tareas y garantizar con eficacia el aumento de productividad. Y como bono, ¡también puede utilizarlo hasta para hacer llamadas telefónicas!

Todo emprendedor tiene su propia colección de aplicaciones favoritas aunque siempre es divertido comparar su pantalla de inicio con las de otros desarrolladores de negocios para ver si tienen alguna aplicación que ellos todavía no conozcan. Pero incluso si las aplicaciones en sí difieren, ahora hay algunas tareas que los emprendedores resuelven desde su teléfono inteligente.

Un calendario sincronizado, por ejemplo, es esencial; y no solo para tomar nota acerca de las horas de reuniones y los cumpleaños. También puedes añadir calendarios prefabricados que muestren los días festivos en diferentes países, así como calendarios deportivos e incluso fechas estelares. Al permitir que otros accedan a tu calendario, evitarás conflictos de fechas. Cuando cada minuto es precioso, los emprendedores son conocidos por decirle a su familia que programe horarios para llamadas telefónicas rápidas. En un teléfono inteligente, el calendario sincronizado es tan básico como un teclado de marcado.

Otras aplicaciones son menos esenciales, pero aun así las encontrarás, o una versión de ellas, en casi todos los teléfonos inteligentes de otros emprendedores. Camcard es un lector de tarjetas de visita. Incluso en la era de Facetime, LinkedIn y las listas de contactos sincronizables, los trozos de papel grueso con tu nombre, título y nombre comercial siguen siendo una parte esencial en la caja de herramientas del empresario. Las entregas como confeti, completas con un código de Snapchat, en conferencias de negocios y sabes que ese trozo de tarjeta pronto será desechado, pero la información será escaneada en el teléfono de los contactos a los que se la enviaste.

Tripit es una manera fácil de hacer y mantener un seguimiento de los planes de viaje. Se enfoca en la información esencial de tu boleto de avión para así producir un itinerario fácil de ver y de seguir. Es mucho más eficiente que mantener carpetas de correos electrónicos de confirmación o que intentar usar la aplicación Wallet de tu iPhone. Sin duda, Tripit no es la única aplicación de viajes disponible. Otros incluyen TripCase, que hace casi lo mismo que Tripit; Roomer, que puede ayudar a encontrar habitaciones de hotel; y Google Flights y SkyScanner, que sirven para rastrear vuelos económicos. Cuando te encuentres volando hacia conferencias y reuniones de negocios, empezarás a descartar una de ellas y considerarás la mejor aplicación para ti como una herramienta esencial.

También desearás hacer un seguimiento de tu personal mientras estás de viaje, o de trabajadores autónomos si tu empresa sigue siendo virtual en su mayor parte. Flowdock es una herramienta de colaboración que combina funciones de chat y bandeja de entrada, pero hay muchas otras, como Trello, Asana y, por supuesto, Dropbox, Google Docs y Skype. Una vez más, cualquiera que sea la aplicación que elijas, te darás cuenta de que puedes gestionar un equipo entero por todo el mundo con nada más que el toque de una aplicación en tu teléfono inteligente y, por supuesto, también podrás hacer una entrada en un calendario compartido.

Una de las aplicaciones más extrañas que un empresario puede utilizar, y una de las más adictivas una vez que se instala en una tableta, es Splashtop. Junto con un pequeño programa descargado en un ordenador, convierte la tableta en un mando a distancia para tu portátil. Puedes sentarte en tu sala de estar y abrir el trabajo en curso que dejaste en la computadora de la oficina. Esto significa que no tienes que llevar tu computadora contigo a todas partes y, aun así, siempre puedes acceder a tu trabajo dondequiera que estés.

Splashtop pone toda la oficina en tu bolsillo.

Estas son solo las aplicaciones más esenciales y puedes añadir a ellas las diferentes listas de tareas y aplicaciones de recordatorio, aplicaciones de redes sociales, audiolibros, memorándums y grabadoras de voz para cuando tengas una idea mientras conduces. En resumen, existe una aplicación para cualquier cosa que cada emprendedor pueda necesitar hacer en su tableta o teléfono inteligente y, en su momento, las descubrirá todas.

Y si no hay una aplicación para algo que él necesita hacer, ¡esa es una oportunidad para construir una! El auge del mercado de las apps, con todas sus limitaciones y desafíos, ha sido uno de los avances más significativos para los emprendedores desde la creación de la sociedad anónima.

Ahora, cualquiera puede crear un producto de software a un costo relativamente bajo y ponerlo a disposición de los usuarios para que lo compren y lo utilicen. Aunque el mercadeo ya no es tan simple como en los primeros días del iPhone (cuando aplicaciones como, bueno... iFart encabezaban las listas), un poco de creatividad todavía te llevará muy lejos. A Rovio le fue muy bien con Angry Birds al centrar sus esfuerzos en llegar primero a la cima de las listas en mercados pequeños y desatendidos como Grecia. Eso permitió que la gente empezara a hablar del juego; el resto es una historia multimillonaria.

El desafío para los emprendedores no es solo buscar oportunidades en sus smartphones o utilizarlos para crear de manera más productiva, sino que esas oportunidades ya se están explotando en su beneficio. El reto es recordar que hay una vida fuera de la pantalla, junto con muchas más oportunidades que se disfrutan con más de un par de pulgares. Los emprendedores pasan mucho más tiempo frente a pantallas de diferentes tamaños que la mayoría de la población. Es vital que quites la mirada de esas pantallas, mires a tu alrededor y veas las oportunidades y la gente que existe fuera de las tiendas de aplicaciones.

49

Entiendes que el tiempo es más valioso que el dinero

En 2015, el Sindicato de Trabajadores Independientes indicó que el número de trabajadores independientes en los Estados Unidos estaba alrededor de los 54 millones. Más de la mitad de esos trabajadores independientes había hecho el salto por elección, pero esta cifra aumentó el 7% con respecto al año anterior. Esto significa que más de 54 millones de personas trabajan bajo sus propios términos, haciendo lo suyo y construyendo sus propios negocios.

La mayoría de esos trabajadores independientes seguirá siéndolo. No dará el salto hacia el emprendimiento buscando cómo ampliar su negocio. Cuando su agenda esté llena, ellos les dirán a los nuevos clientes que tendrán que esperar hasta cuando puedan comprometerse con más trabajo. Cuando un trabajador independiente trata de imaginar dónde estará dentro de cinco o 10 años, se ve haciendo lo mismo, pero tal vez haciendo mejores proyectos para clientes más grandes y por mayores honorarios. Siempre serán propietarios únicos de sus negocios y nunca crecerán más allá de la oficina en la habitación extra.

Y eso está bien, de hecho, es genial.

Esos trabajadores independientes han tomado la decisión de que invierten mejor su tiempo cuando hacen el trabajo que aman. Así es como quieren ocupar sus días y eso es lo que les da la mayor satisfacción. Los emprendedores tienen una visión diferente de su tiempo. Lo que más les importa no son las horas que dedican a planificar estrategias de ventas o a calcular el diseño de una página de llegada, sino el resultado de esos esfuerzos.

Cuando un emprendedor mira cinco o 10 años hacia adelante, se ve dirigiendo una gran corporación o habiéndola vendido y construyendo la próxima, invirtiendo en las ideas de otros emprendedores o solo relajándose en la playa de su isla privada en el Caribe.

Para los emprendedores, el trabajo no se trata de cómo ocupar sus horas. Se trata de cómo ellos construyen su visión en su mente. El tiempo es el contenedor en el que ellos ponen esos esfuerzos. El dinero es una motivación, pero el desafío y el logro son incentivos mucho más poderosos.

Al final del día, un trabajador independiente puede contar el número de horas facturables que ha trabajado y estimar el valor del día que acaba de terminar. Para los emprendedores, la cantidad ganada en una hora en particular o en un día en particular o incluso en un año en particular no es lo que importa. Lo que sí les importa es cuánto se acercaron a su meta con el trabajo realizado en esas horas.

Y al ser conscientes de que el tiempo se trata de progreso y no de ingresos, este cobra un valor muy diferente para ellos. Existen infinidad de maneras de ganar ingresos y algunas producirán grandes sumas de dinero en efectivo. Sin embargo, si a los emprendedores solo les interesara ser ricos, estudiarían finanzas o banca y buscarían empleo en un fondo de cobertura de Wall Street. Si desearan una carrera más fiable, podrían estudiar leyes, medicina o contabilidad, las cuales les darían un nivel de vida estable y decente.

Pero, para ellos, el sentido de logro no proviene solo de los ingresos; tanto es así, que ellos entienden que existe la posibilidad de pasar mucho tiempo sin recibir las ganancias que tanto anhelan. Tendrán épocas en que el dinero no será suficiente, ni recibirán el verdadero valor de una hora bien invertida.

Pero lo más importante con respecto a su mentalidad de emprendedores es que ellos saben que, aunque haya muchas maneras diferentes de ganar grandes sumas de dinero, no hay cómo ganar más tiempo. Nada de lo que hagan podrá darles más de las horas asignadas a cada individuo y no importa cuán exitosa sea su empresa o cuán ricos lleguen a ser, nadie tendrá más años de la cuenta. Steve Jobs, a pesar de toda su riqueza y éxito, no pasó de los 56 años de edad.

Cuando subcontratas una tarea que podrías haber hecho tú mismo, demuestras que has pasado de ser trabajador independiente autónomo o propietario único a ser un auténtico emprendedor. Es ahí cuando y como demuestras que entiendes el valor del tiempo y el hecho de que es limitado; ese es un bien imposible de fabricar o multiplicar. Nunca tendrás más tiempo del que tienes ahora. Lo único que puedes hacer es asegurarte de estar usándolo sabiamente.

Por tal razón, los emprendedores les pagan a otros para liberar tiempo y así hacer tareas que tal vez no les aportan la mayor riqueza, pero sí los llevan más rápido hacia el progreso. En lugar de pasar semanas diseñando ellos mismos una página de internet, le pagan a un profesional para que la diseñe, así el dinero sea escaso y los presupuestos ajustados. (Y pagan el precio completo; sitios como Fiverr son una opción barata que podría producir un golpe de suerte, pero también una pérdida de tiempo al hacer un trabajo deficiente una y otra vez).

Así es como los emprendedores logran que sus empresas crezcan. Así es como un trabajador autónomo se convierte en un par de empleados, luego en un equipo y después en un departamento, en dos departamentos hasta que pronto llega a tener una nómina y una gerencia intermedia. Y en ese punto, ese antiguo trabajador solitario ya tiene un negocio en crecimiento.

El consejo que da Tim Ferriss de externalizar todo quizás haya llevado esa idea a extremos, pero ese es el principio que implementan los empresarios de éxito. Para ser justos, Ferriss todavía no nos ha dado una guía para externalizar nuestro ejercicio físico, pero vale la pena incorporar muchas de las ideas de su libro a nuestra propia semana de trabajo.

Mira los escritorios de unos cuantos líderes exitosos en los negocios y no verás montones de papel sobre ellos; y a menudo, ni siquiera verás una computadora. Esto se debe a que el trabajo que ellos exigen se hace en otras oficinas, ya que han subcontratado todo para que, incluso la gestión diaria, la realice el jefe de operaciones. A estos líderes solo les queda hacerse cargo de las grandes decisiones, ya que estas sí las toman únicamente quienes están en la cima.

En una entrevista con la BBC, el Presidente Obama señaló que todas las decisiones presidenciales son difíciles. Las decisiones fáciles las toman otros mucho antes de que alcancen el nivel presidencial. La carrera del emprendedor es un ascenso constante hacia esa función: dedicarle su tiempo nada más a las tareas que otros no pueden hacer y a tomar las decisiones de las que solo él puede hacerse responsable.

La mayor diferencia entre un emprendedor y todos los demás profesionales es que él entiende que no hay tiempo para gastar todo el dinero que pueda ganar. Es esa comprensión la que convierte a los propietarios únicos en dueños de empresas y la que les da la vida que desean.

50

No piensas en hacerlo.
Ya lo estás haciendo

Una de las primeras preguntas que le hacemos a alguien cuando recién lo conocemos es: "¿A qué te dedicas?". Sin embargo, eso no es exactamente lo que queremos saber. Lo que en realidad queremos saber es: "¿Quién eres? *¿Qué* eres? ¿Con qué clase de persona estoy hablando? ¿Qué te apasiona? ¿Cuáles son tus intereses? ¿Qué valoras y cómo tratas a los demás? ¿A dónde quieres llegar en la vida?"

Son muchas preguntas, demasiadas para hacer mientras le estrechas la mano a alguien por primera vez, y demasiado difíciles de contestar para la mayoría de personas, así que hacemos la única pregunta cuya respuesta resume casi la totalidad de esas respuestas. Preguntamos a qué es a lo que se *dedican* nuestros recién conocidos.

Esa es una pregunta que va directo al grano y que suele decirnos todo lo que necesitamos saber.

Podríamos hacer una pregunta diferente. Por ejemplo: "¿Quién crees que eres?" O cómo se ven a sí mismos o qué creen que podrían hacer en lugar de lo que están haciendo. Pero no juzgamos a los demás según lo que piensan o creen.

Los juzgamos por sus acciones. Lo que importa es a lo que se dedican, lo que hacen, lo que han hecho y sus logros.

Si alguien nos respondiera a esa pregunta diciéndonos: "Soy actor", la siguiente pregunta que le haríamos es probable que sea algo como ¿en qué programas has salido? Incluso, si nuestro interlocutor se dedica más que todo a servir mesas mientras le llega su hora de triunfo, esperaríamos que nos hablara sobre algunas funciones que hará en el teatro local, sobre los anuncios publicitarios en los que lo veremos en la televisión por cable e incluso sobre sus futuras presentaciones.

Es de esperar que alguien que se llame a sí mismo un "actor" esté haciendo algún tipo de actuación, aunque todavía no esté viviendo en Beverly Hills, ni realizando papeles protagónicos en películas de acción. Asimismo, si alguien nos dice que es abogado, le preguntaremos sobre el tipo de derecho que ejerce o en qué escuela de leyes estudió. Nos sorprendería por completo si, afirmando que es abogado, nos dijera que trabaja sirviendo bebidas de café en Starbucks y que espera lograr inscribirse en la facultad de derecho durante el próximo año o en dos. Ante esa respuesta, quizá nos veríamos tentados a corregirlo diciendo que sí es probable que esté pensando llegar a ser abogado, pero que todavía no lo es.

Este mismo principio se aplica a los emprendedores.

A lo largo de este libro, hemos descrito características que demuestran que alguien *es* un emprendedor. Hemos hablado de dónde vienen los emprendedores y a dónde quieren llegar. También hablamos del tipo de personas de las que ellos se rodean y de los rasgos de personalidad que conforman el espíritu emprendedor. No importa si esos rasgos son los que impulsan a alguien a convertirse en emprendedor o si se desarrollan una vez que él comienza a construir su propio negocio. Por lo general, estos yacen dentro de cada emprendedor y hacen parte de lo que lo impulsa a crear una empresa.

También hemos hablado sobre el estilo de vida del emprendedor. Pero lo que todas estas características tienen en común es que son acciones.

Todo el mundo tiene ideas. Todos hemos resuelto los problemas más grandes del mundo mientras nos cepillamos los dientes por la mañana o mientras vemos pasar estaciones en el metro. Todo el mundo ha pensado en un concepto que podría generar miles de millones de dólares y cambiar el mundo. Las ideas son baratas. De hecho, son gratis.

Las acciones, por otro lado, son difíciles y requieren del esfuerzo que suele venir en forma de sacrificio.

Las acciones, el esfuerzo y el sacrificio no son magia, sino adjetivos que describen lo que hace, lo que forma a un emprendedor.

Los emprendedores están dispuestos a pagar ese precio. Ellos actúan. Renuncian a sus trabajos o han sido despedidos por actuar más como empresarios que como empleados; dejan de buscar un empleo nuevo y diferente; dedican horas a escribir un plan de negocios y a diseñar un mapa de ruta para saber con precisión hacia dónde se dirigen y qué van a hacer a lo largo del camino; también se encierran durante semanas, como Nick Woodman de GoPro, mientras construyen su prototipo de producto.

Además, preparan sus presentaciones y trabajan con sus contactos para persuadir a los inversionistas de que les financien el dinero que necesitan para contratar personal y comprar publicidad. Apuestan e invierten su propio dinero en sus ideas, contratando personas para que trabajen para ellos y así poder dedicar sus horas a aquello en lo que son más necesarios.

El espíritu de emprendimiento es un estado del ser. Un emprendedor es un tipo de persona, un tipo único, raro, el tipo que crea empleos, construye industrias y mantiene la economía en movimiento. Los emprendedores son visionarios y soñadores, valientes y generosos, y cambian al mundo.

Proporcionan lugares que les permiten a quienes no son emprendedores hacer el trabajo que *aman* y encontrar la realización que desean. También pagan sus impuestos, patrocinan eventos y apoyan a las ciudades.

Atraen empleados hacia ciertas áreas para poder conformar comunidades que prosperen y crezcan.

Los emprendedores están en el corazón de todo lo que la sociedad necesita para ser próspera.

Y por sobre de todo, los emprendedores son personas que hacen las cosas. Son gente de acción. Son soñadores para quienes una buena idea es un comienzo y un concepto es el comienzo de un plan. Ellos entienden que una idea por sí sola no tiene sentido. Lo que importa es la acción.

Una buena idea debe ser construida. Se requiere de la implementación de un plan determinado para convertirla en una realidad tangible; hay que correr riesgos e invertir muchas horas; es necesario contratar el personal y hacer diversas pruebas; luego, hay que repetir y volver a hacerlo todo otra vez. Un emprendedor es alguien que, mientras sigue pensando y soñando, en realidad está sudando.

¿Cómo sabes que eres un emprendedor? Cuando conoces a alguien y le das la mano, y te pregunta qué haces, sabes que eres un emprendedor porque empiezas tu respuesta diciendo: "Tengo una empresa que hace...", "Tengo un negocio que hace...", "Estoy construyendo un prototipo que hace...". Y sea lo que sea que haga "eso" que estás *haciendo,* tú eres el que lo está haciendo. La palabra clave es "hacer".

Sabes que eres un emprendedor cuando estás construyendo tu empresa sin importar cuál sea su etapa y tamaño, y esta es lo que te define.

Acerca de los autores

Joel Comm es orador, consultor, emprendedor y autor de 12 libros publicados. Estos incluyen: *The AdSense Code, Click Here to Order: Stories from the World's Most Successful Entrepreneurs, KaChing: How to Run an Online Business that Pays and Pays* y *Twitter Power 2.0.* También ha escrito más de 40 libros electrónicos. Ha sido entrevistado en *The New York Times,* en el programa The Daily Show, de Jon Stewart, en CNN en línea, en Fox News y en muchos otros medios.

John Rampton es un emprendedor que ha comenzado y vendido múltiples empresas exitosas y en este momento dirige Due, una compañía de facturas y pagos en línea. Tiene un blog exitoso, con miles de seguidores y se ha convertido en un influenciador en emprendimiento, tecnología y mercadeo por internet. John también ha sido orador en muchos eventos de tecnología, mercadeo y emprendimiento.